零基础

德鲁克
管理学笔记

[日] 藤屋伸二　著

胡玉清晓　译

中国科学技术出版社

·北　京·

凝聚了商务人士所需的教导

"管理学之父"彼得·德鲁克，即使没有读过他的著作，想必很多商务人士都听过他的名字吧。

德鲁克教会了我们很多东西，包括如何努力取得成果、如何处理组织中的人际关系、如何把握时间以及如何看待社会的变化等。他的教导影响了很多人，可以毫不夸张地说，许多现代企业和社会的思维方式都是以德鲁克的教导为基础的。

虽然德鲁克在商业和管理方面颇有研究，但他并没有自称"管理学家"，而是称自己为"社会生态学家"。他既是客观观察社会的研究者，又是将从中了解到的东西教给商务人士的教导者，还是以敏锐察觉的社会变化预见未来的预言家。

为什么德鲁克会持续观察社会呢？因为他最关心的是"什么样的社会、什么样的组织才能让人幸福"。德鲁克的教导不仅对商务人士有帮助，对生活在这个社会上的所有人都有帮助。

本书使用了大量插图，将复杂的问题以简单易懂的方式传达给读者。本书还涉及了其他商务书中很少提及的德鲁克的人物形象，充分展现了德鲁克的魅力。

　　我于1988年开始致力研究德鲁克，并将研究成果作为从事咨询工作的理论基础，帮助多家企业的业绩实现V字形复苏并获得进一步增长。如果能让更多人更好地运用德鲁克所教导的内容，我将非常开心。

藤屋伸二

目　录

第 4 章
德鲁克式时间管理

第 7 章
催生创新的方法

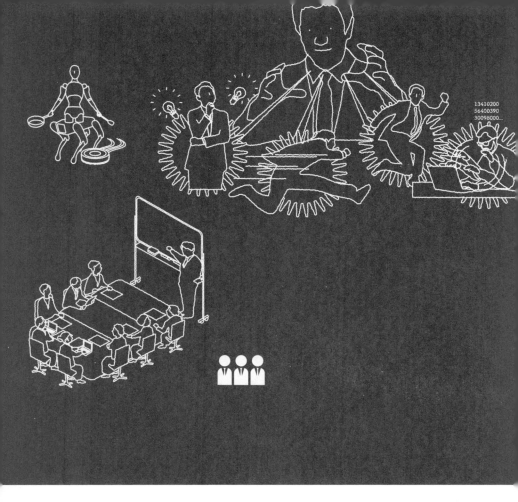

绪　论

01 "知识巨人" 德鲁克是这样的人！

被誉为"20世纪的知识巨人""管理学之父"的德鲁克过着怎样的人生呢？

彼得·德鲁克

1909年11月19日出生于奥地利维也纳。在担任新闻记者的同时，获得了法兰克福大学国际法、国际关系博士学位。1937年赴美，在纽约大学和克莱蒙特大学担任教授。德鲁克的研究内容涉及政治、管理、经济、经营、历史、哲学、心理学、文学、美术、教育、自我实现等多个领域。其数量众多的著作被称为"德鲁克山脉"，尤其是关于管理的思想对后世产生了巨大影响。

出色的观察力

涉及多个研究领域的德鲁克称自己为"社会生态学家"。他善于观察社会形态及变化，至今仍受到众多商务人士的尊敬。

游历各国

德鲁克从欧洲文理中等教育学校毕业后，开始在德国一家贸易公司工作。后来，德鲁克在汉堡大学和法兰克福大学学习，同时也在报社工作。他写的论文引起了纳粹的愤怒，以此为契机，德鲁克于1933年前往英国。之后他移居美国，一直到96岁逝世。

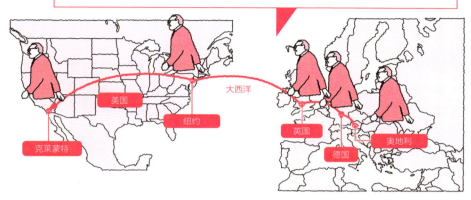

管理学之父

德鲁克出版了很多研究组织管理的著作，影响了全世界。尤其是他于1954年出版的作品《现代经营》是管理学的代表作，书中阐述了关于企业管理的原理和原则。因为他的这些成就，德鲁克被世人誉为"管理学之父"。

希望您来研究一下我们公司。

美国通用汽车公司发出邀请

1943年，一位美国通用汽车公司的高管读了德鲁克的著作《工业人的未来》后，邀请他研究通用汽车公司的经营方针和组织架构，汇总该研究成果的著作《公司的概念》后来成为畅销书。

02 德鲁克的思维方式是怎样的呢?

德鲁克常常思考" 人应该做什么?"
他认为,人有责任对社会做出贡献,这才是真正的幸福。

社会和人应该
怎么做?

德鲁克最感兴趣的对象是
作为社会存在物的"人"。
为了人类的自由与平等,
社会、组织应该怎么做?
人类自身又应该怎么做?
这些都是他持续思考的
问题。

发挥自身优势为
社会做贡献。

德鲁克的结论是"人有责任按照自己的价值观，发挥自身优势为社会做贡献。只有尽到这个责任，人才能真正获得幸福"。

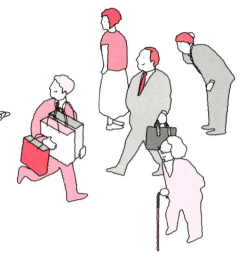

创建一个能让
每个人都发挥积极
作用的社会。

德鲁克的这种思维方式被称为"目标管理"（基于目标和自我控制的管理）。德鲁克认为，虽然每个人的能力有差异，但只要确立目标，系统地学习，就能成为比现在更能对社会做出贡献的人。

03 我们能从德鲁克身上学到什么?

一句话概括德鲁克教会我们的东西,就是取得成果的能力。

认知力
正确把握公司状况、社会状况的能力。通过认清现状来寻找商机。

构想力
构思业务的能力。通过具体的计划将商机转化为实际业务。

构建力
构建商业运作机制的能力。创建一个商业运营组织，并建立相应的机制以发挥组织中每个人的优势。

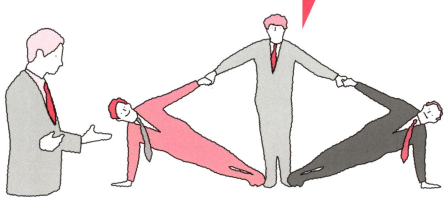

运营力
在不断变化的世界形势下和商业环境中，随机应变取得最佳成果的能力。

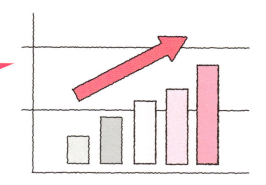

管理、市场、改革，您知道这些是什么意思吗？本章将为您一一说明，让我们一起接着往下读吧。

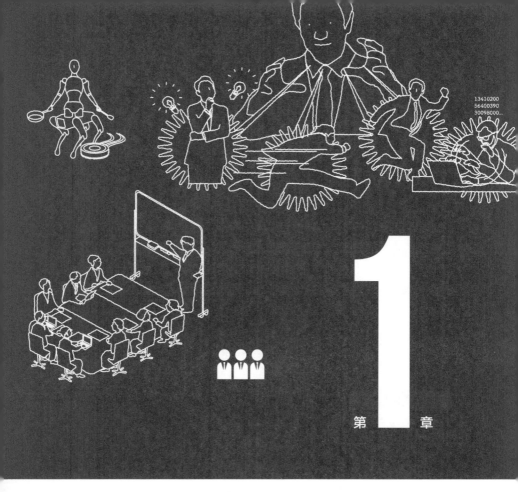

13410200
56400390
30098000...

第 1 章

德鲁克式管理的真谛

德鲁克被世人誉为"管理学之父"。"管理"一词源于英文，而德鲁克倡导的管理理念全然不同以往。本章将介绍德鲁克的核心管理理论。

01 管理究竟是什么？

为了让公司和部门顺利运转，需要经历谋划战略、制订计划、实施计划、评估结果的循环过程。

据说"管理"一词是由德鲁克提出的概念，它包括三个方面的内容，分别是：①业务的管理；②管理者的管理；③人和工作的管理。①是从"为了谁？做什么？怎么做？"的角度来定义管理、制订商业计划并将其纳入经营计划的。②是指为实施经营计划，对负责分配人和物资的工作人员进行管理。

管理的关键在于循环过程

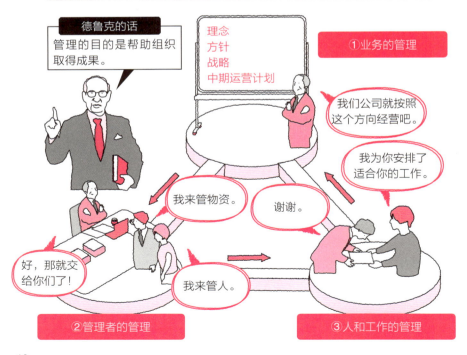

德鲁克的话
管理的目的是帮助组织取得成果。

理念
方针
战略
中期运营计划

①业务的管理

我们公司就按照这个方向经营吧。

我为你安排了适合你的工作。

我来管物资。

谢谢。

好，那就交给你们了！

我来管人。

②管理者的管理

③人和工作的管理

③是指通过对工作的规划和对岗位最佳人选的聘用、分配、培训以及调动等一系列操作来维持企业动力。德鲁克认为，切实做好这三方面的管理非常重要，因为业绩不好的企业往往就是在这三个环节中的某一环节上掉了链子。

创建并执行经营计划

中小企业由于战略管理能力薄弱，其管理无法发挥较大作用，很多时候只进行预算和业绩的管理。

业绩不佳的大企业虽然有预算制度，但大多是"做了就行了"。

中小企业

不知道，我不是很明白。

到什么时候？做什么？怎么做？

之后就交给你们了！

全部甩给我们的话很难办啊。

预算

评价

经营计划

预算

做多少？

做到什么时候？

做什么？

花多少钱？

谁来做？

从经营环境、业务目的、本公司的优势三方面谋划企业战略（市场、产品、流通渠道），在此基础上制订、执行并评估经营计划，之后再采取下一步行动，这一点至关重要。

02 创造客户才是企业的目的

德鲁克认为，企业的目的是满足需求和创造新的需求，也就是创造客户。

企业的目的究竟是什么？如果客户不购买产品或服务，企业就无法生存。为了让企业持续生存下去，需要满足客户既有的需求，或者创造新的需求。也就是说，不断创造以企业希望的价格购买产品或服务的客户，这是企业的目的，也是企业持续生存的条件。

满足既有需求，创造新的需求

绝大多数企业都无法垄断市场，因此总是面临着激烈的竞争。横向竞争很容易引起价格战，而企业要想生存下去，必须以合适的价格销售产品。因此，重要的不是一味地压低价格，而是在价格之外谋求和其他产品的差异化，创造愿意以企业期望的价格购买产品或服务的客户。

个性化、差异化是创造客户的关键

横向竞争会让企业陷入价格战。

03 企业的一切行动都要以客户为出发点

德鲁克认为提高生产率很重要，他说："创造客户要依靠市场营销和改革。"

选择并购买产品的是客户。因此，重点不是企业想卖什么，而是企业必须生产客户需要的东西。挖掘客户需求，以客户期待的价格和渠道为客户提供产品，这种以客户为出发点的机制就是**市场营销**。德鲁克认为，真正的营销是从客户开始的。

市场营销要以客户为出发点思考问题

要了解客户，关键在于站在客户的立场，把握用途、价格、情况、价值观四个要素。

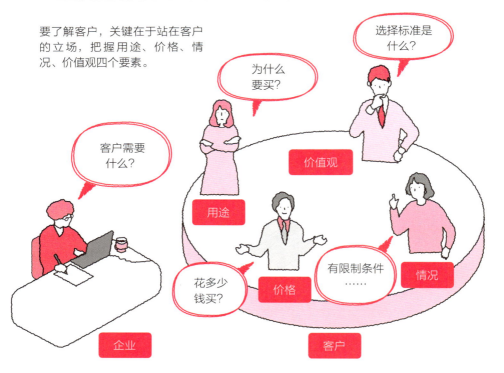

为了了解客户需求，很多企业会花钱委托调查公司进行市场调查，但仅凭这些无法把握客户需求。因为有些事情唯有通过践行<u>三现主义</u>才能知道，即<u>亲临现场、接触现实素材（实物）、了解现实情况</u>。德鲁克说过，走出去、认真看、认真听很重要。

以了解客户需求为目的的三现主义

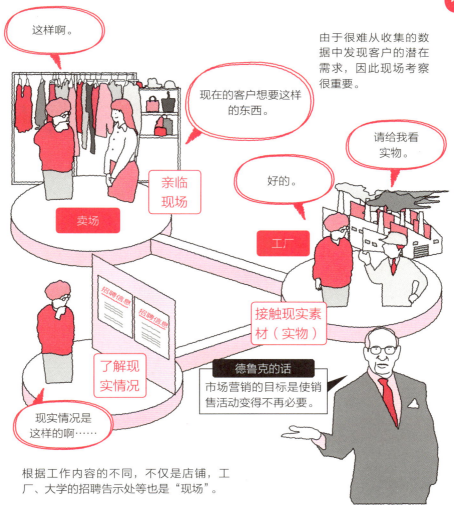

这样啊。

现在的客户想要这样的东西。

由于很难从收集的数据中发现客户的潜在需求，因此现场考察很重要。

请给我看实物。

好的。

亲临现场

卖场

工厂

接触现实素材（实物）

了解现实情况

招聘信息 招聘信息

现实情况是这样的啊……

德鲁克的话
市场营销的目标是使销售活动变得不再必要。

根据工作内容的不同，不仅是店铺，工厂、大学的招聘告示处等也是"现场"。

创新不仅是技术革新

德鲁克说："创新是创造新的价值。"这是什么意思呢？

创造客户需要市场营销，同时也需要创新。所谓创新，就是创造新的经济价值，给客户带来更大的满足感。过去，人们认为创新就是技术革新，但在德鲁克看来，为现有的产品赋予新的意义也是创新。

一切让社会生活更加丰富的事物都是创新

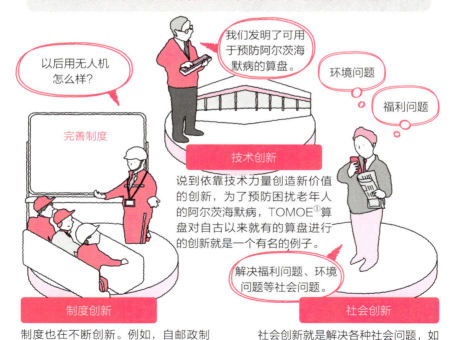

制度创新

制度也在不断创新。例如，自邮政制度诞生以来进行了很多创新，如引入邮政编码等。

社会创新

社会创新就是解决各种社会问题，如环境问题、教育差距问题、促进残疾人就业等。

① TOMOE：日本最大的算盘制造商。——编者注

即使进行市场营销和创新，如果生产率低下，企业也无法赢利。为了让企业持续生存，需要提高生产率。企业要想用最少的资源取得最大的成果，必须有效利用人才、金钱和物资。此外，企业还需要控制知识、时间、生产方式等与成果相关的各种要素。

提高生产率很重要

05 不断追问"客户在哪里""客户是谁"

德鲁克认为,"客户是谁"这一问题是定义企业使命的最重要因素。

许多企业拥有不止一种类型的客户。例如,食品生产厂商的客户就有家庭主妇和零售店等。如果是家庭主妇想要的产品,但零售店没有上架,家庭主妇也无法购买。而零售店上架的产品如果家庭主妇不买也无法产生销售额。因此,企业需要同时关注家庭主妇和零售店二者的需求。

消费者不是唯一的客户

在网络销售中,满足搜索引擎的需求也很重要,因为它决定了企业在搜索结果中的排序。

消费者不是唯一的客户。

已经发了优惠券。

请给我这个。

客户是企业销售产品或服务的对象。客户不仅指已经购买过企业产品或服务的人,还包括可能购买的人。

企业所处的环境在不断变化。就算某项业务获得了一次成功，也不代表能永远成功，因为客户的价值观在改变。因此，德鲁克认为最重要的是经常追问"客户是谁"，企业需要持续缩小客户范围并锁定客户。

客户的需求决定业务的发展方式

时代和环境在变化

这个以前卖得很好，现在完全卖不出去了……

超市

要生产更好卖的东西。

因为冷冻食品的质量提高了，所以速食食品也需要提高质量。

确实如此。

确实，这符合时代发展趋势。

客户的需求

可以多做一些高质量的速食食品吗？

业务的发展方式

德鲁克的话

了解"我们的业务是什么"的第一步是问"客户是谁"。

06 设定目标的六个视角

"讨论目标不是为了获得知识，而是为了采取行动"，德鲁克这样说道，他提出了设定目标的六个视角。

看清企业现状之后，下一步就是明确企业目标，目标最好具体一些。德鲁克提出了设定目标时应当具备的六个视角。它们分别是：①市场营销；②创新；③生产率；④经营资源；⑤社会责任；⑥利润。这六个视角并非以赢利为基准。

从六个视角思考企业目标

- 客户对现有产品是否满意。
- 能否创造新市场，提供新产品。
- 客户是否信赖公司。

- 产品和供货方式有无创新空间。
- 是否有足够的创新能力来应对一切变化。

重点是以"能否满足客户""是否为此竭尽全力"这样的想法为基准。虽然不存在能将每件事都做得尽善尽美的组织，但在任何一方面有所欠缺都是不好的。另外，一旦确立目标，企业就一定要执行，这一点也很重要。如果不付诸实践，纸上谈兵的结果是梦想终究只能是梦想，永远无法成为现实。

- 能否取得最大成果。
- 经营资源（物资、人才、金钱等）的使用方式是否合理。

- 在适当的时期是否有充足的设施、设备、原材料等物资。
- 能否确保有足够的人才。
- 是否为将来准备了充足的金钱。

- 有足够的储备资金吗？
- 要让企业持续生存需要多少利润？
- 是否有足够的积蓄用于投资。

- 是否真诚地关怀消费者。
- 是否存在欺骗消费者的行为（如假冒伪劣）。
- 是否关心环境保护，对社会有贡献。

07 要达成目标，战略计划不可或缺

德鲁克认为，要达成目标"需要的不是长期计划而是战略计划"。

设定好目标之后，企业接下来就要考虑为了达成目标应该采取怎样的行动，为此而制定的蓝图就是战略计划。战略计划的制订不是一种方法，而是伴随着分析和判断的思考，如为了未来今天应该做些什么，为了取得成果要冒什么样的风险。而且还需要考虑如何将这些思考付诸行动。德鲁克认为，战略计划的目的是"同时经营现在和未来"。

战略计划的本质是思考

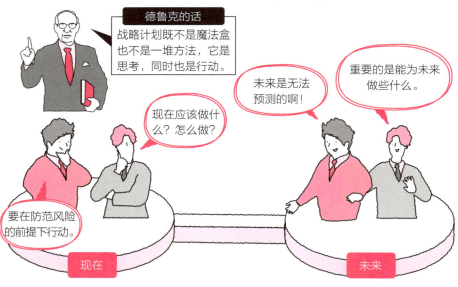

战略计划不是由既定方法和程序推导出来的，而是需要经常进行分析、思考和判断。

谁都无法预测未来，重要的是为了未来探索和扩大可能性。

战略计划需要重复三个步骤：伴随着风险做决策、为了实施决策而进行系统的组织活动、将活动的结果与预期结果做比较。做决策的时候，在决定"要做什么"的同时决定"不做什么"也很重要。在组织活动中，要把具体的工作分配给个人或团队，最终根据决策来验证取得的成果是否高于所承担的风险，必要时还要重新评估决策和组织活动。

反复进行战略计划很重要

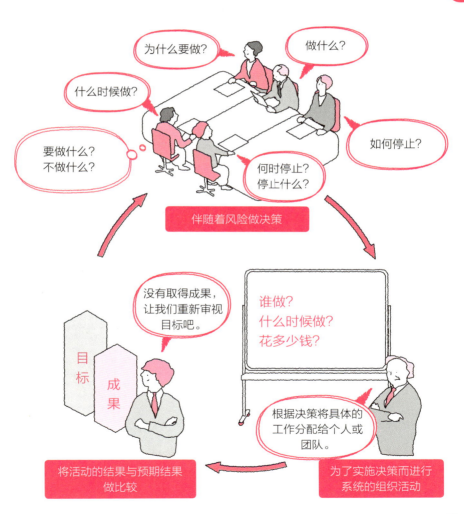

为什么要做？

做什么？

什么时候做？

要做什么？
不做什么？

何时停止？
停止什么？

如何停止？

伴随着风险做决策

没有取得成果，让我们重新审视目标吧。

谁做？
什么时候做？
花多少钱？

目标 成果

根据决策将具体的工作分配给个人或团队。

将活动的结果与预期结果做比较

为了实施决策而进行系统的组织活动

08 分开看待工作和劳动

要兼顾工作的生产率和从事工作的个人价值是相当困难的。为此，德鲁克建议将工作和劳动区别看待。

德鲁克认为，工作是由逻辑和分析构建的。即便人的工作内容相同，不同机制下生产率也会发生变化。要想获得成果就必须提高效率，这一点很关键。而劳动是人的活动。劳动的速度和持久性因人而异，同样的劳动也会因为从事该劳动的人不同而有不一样的方法。另外，人们试图通过劳动有所成就，因此劳动也是自我实现的手段。

理解工作和劳动的区别

为了提升成果，需要有逻辑性地分析并重新审视工序以提高效率。

劳动是自我实现的手段，也是人与社会建立关系的手段。另外，组织中的劳动，一定会出现上下级关系和权力关系。

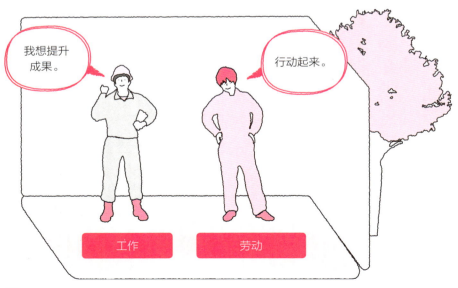

但是，要想兼顾生产率和个人价值却出乎意料地困难。生产率高但没有人情味的职场和生产率低但每个人都很有价值感的职场比比皆是。经营者和管理人员必须建立能够产出的机制，在调动员工积极性的同时提高他们的工作效率。为此，有必要了解工作和劳动的区别。

管理工作和劳动

在组织中，最理想的状态是人们积极工作，工作高效推进。兼顾工作和劳动才是企业提高生产率的要点，为此需要由管理人员来进行管理。

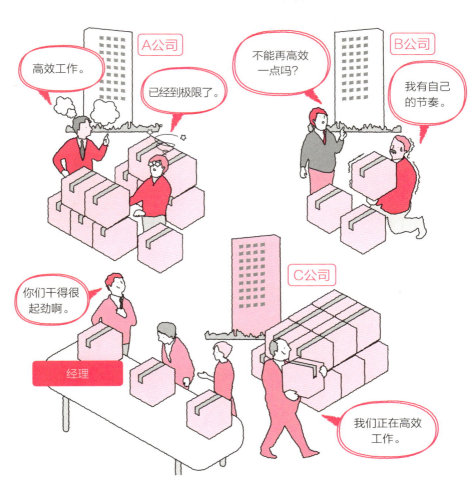

09 为了提高生产率，要以成果为中心进行思考

德鲁克认为，要想提高生产率，"必须以成果，即工作产出为中心进行思考"。

生产率是指工作效率和生产带来的附加值。可以说，输出（产出、成果）超过输入（经营资源和精力的投入）越多，生产率就越高。要想提高生产率，必须不断验证人、物、钱、时间这四个要素的分配是否合理。巧妙利用资源可以让工作更加富有成效。

支撑生产率的四要素

德鲁克的话
生产率是整个过程、整个企业、整个经济活动中所有资源的总和。

生产率

重新审视分配是否合理。

太多太少都不行。

时间

钱（资金）

物（物资）

人（人才）

所谓"工作"，就是将取得成果的过程有逻辑地组织起来，因此"工作效率"需要以成果(工作产出)为中心来思考。具体应该怎样思考呢？德鲁克列举了四个切入点：①分析；②建立能带来最高生产率的工作机制；③建立工作的管理机制；④提供适当的工具。德鲁克提出要营造良好的工作环境，让这个过程得以不断循环（管理）。

关注成果的管理

要提高工作效率，关键在于尊重每个人以及大家共同分担责任。

做决策时重要的是"正确的问题"

为了解决各种问题，必须做出正确的决策，为此需要6个步骤。

德鲁克将决策称为"有效的决定"（Effective decisions）。因为<mark>做决策</mark>不是单纯地做决定，其重点在于解决组织中出现的问题。如果对问题的理解有误，那么无论采取什么样的解决方案都不会取得成果。决策的过程是从正确认识"需要解决的问题是什么"开始的。

首先要弄清楚问题是什么

做决策的步骤是：①定义问题；②确认决策目标；③提出多种解决方案；④确认执行手段；⑤彻底执行；⑥评估结果。通常说到做决策到第④步就结束了。然而，做决策原本就是为了决定"如何行动"，所以⑤和⑥非常重要。

做决策的6个步骤

11 营造良好的组织文化以达成目标

德鲁克曾说："成果就是击球率。"他认为诚实地评价长期成果非常重要。

公司最大的资产是"人"。但是，如果只有一个优秀人才，公司是无法长久的。公司本来就是普通人的集合，组织的强大之处就在于普通人齐心协力取得非凡的成果。而且，人的工作方式会因为心态的变化而发生很大变化，所以经营者在制定战略之后，有必要营造出有利于取得成果的组织文化。

如何达成目标？

德鲁克的话
应该激发出人的潜力。

以成果为基准进行评价
以击球率来考虑成果，即使失败了也要综合评价。正确评价一个人是很重要的。

保持真诚
不管头脑多清晰，工作效率多高，如果上司对下属不真诚，组织就会瓦解。

明确人事评价体系
不管是晋升还是降级，加薪还是减薪，录用还是解聘，经营者都一定要关注成果、公平竞争。

抓住机会
只要致力于抓住机会，就能一直享受作为挑战者的兴奋和满足感。

不依赖天才
公司的理想状态不是依赖天才取得成果，而是普通人聚集在一起，共同创造成果。

提升组织士气的关键在于从长远的角度关注成果。取得成果的人是能够创造价值的人，但他们也可能在反复试错的阶段遭遇失败。然而，如果因此责备勇于挑战的人，员工的热情就会减退，士气也会低落。有热情的人会失败，培养这种挑战精神也很重要。

有热情的人会失败

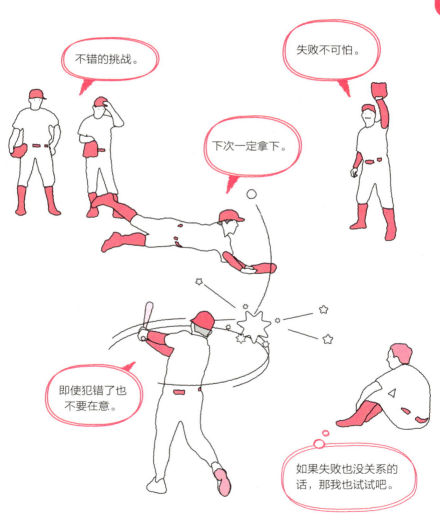

你不知道的德鲁克 ①

成长于优秀家庭
的社会生态学家

德鲁克于1909年出生在当时奥匈帝国的首都维也纳。

德鲁克的全名是彼得·德鲁克，他的父亲是政府高官，母亲是奥匈帝国率先学习医学的妇女之一。

德鲁克从小就很优秀，曾在小学时跳级。他对进入社会工作很感兴趣，17岁时就一边在德国的大学念书一边在贸易公司兼职。

之后，德鲁克积累了各种各样的工作经验，23岁时前往英国，27岁时移居美国。1939年，30岁的德鲁克出版了处女作《经济人的末日》（*The End of Economic Man*），并在之后陆续出版多部著作。

从1971年到2003年的30多年间，德鲁克在加利福尼亚州的克莱蒙特大学担任教授。2005年，他于96岁生日的8天前逝世。

德鲁克的一生几乎贯穿了20世纪，因此他也被称为"20世纪的见证人"。

关键词解说 1

☑ 关键词

市场营销

建立畅销机制，意味着以客户为出发点考虑问题并执行策略。零售业和批发业容易从采购考虑问题，制造业容易从制造考虑问题。但德鲁克认为，市场营销应该从客户的使用情况和购买现场来倒推，思考创建何种机制。

☑ 关键词

创新

重新思考既有的技术、产品、客户需求和市场等，创造新的产品价值。创新是指不断进行改善和革新，追求更好的产品、更多的便利，满足客户更大的需求。

☑ 关键词

六个视角

明确要完成的工作价值，并为实现它而设定具体目标。德鲁克列举了以下六个设定目标时的视角，它们分别是：①市场营销；②创新；③生产率；④经营资源；⑤社会责任；⑥利润。

☑ 关键词

战略计划

德鲁克认为战略计划是重复以下三个步骤：伴随着风险做决策、为了实施决策而进行系统的组织活动、将活动的结果与预期结果做比较。

☑ 关键词

做决策

不要依靠经验和直觉，要严格按照规则进行。做决策的步骤是：①定义问题；②确认决策目标；③提出多种解决方案；④确认执行手段；⑤彻底执行；⑥评估结果。

13410200
56400390
30098000...

第 2 章

德鲁克传授的最强组织论

　　大部分商务人士都隶属某个组织。德鲁克在研究组织时的各种发现给我们留下了很多有益的建议。如何让组织更好？想必您读完本章之后就会明白了。

组织是为实现目标而成立的集体

德鲁克致力于组织研究，在观察组织的过程中，他认为组织不仅仅是人才的配置。

在商业环境中，大部分情况是多人一起以组织的形式开展工作。说到组织，很多人会认为是人才配置，其实不然。所谓组织，就是为了正确配置人才、物资、金钱、时间等有限的经营资源而成立的集体。那么该如何进行组织的设计呢？首先必须考虑的是"为什么要进行组织设计"。

组织 ≠ 人才配置

组织不仅仅是人才的配置。正确分配经营资源对建立一个有成果的组织至关重要。

接下来要思考"为了达成目标需要做哪些工作"。工作有直接贡献的工作，也有间接贡献的工作。对这些进行整理后，再来思考应该如何整合组织。我们应该按照贡献的类型来区分组织，之后决定各组织所需能力的质与量，最后再来思考各部门应该如何调整。

按照贡献的类型区分组织

要达成目标，必须正确配置"人才、物资、金钱、时间"等有限的经营资源。

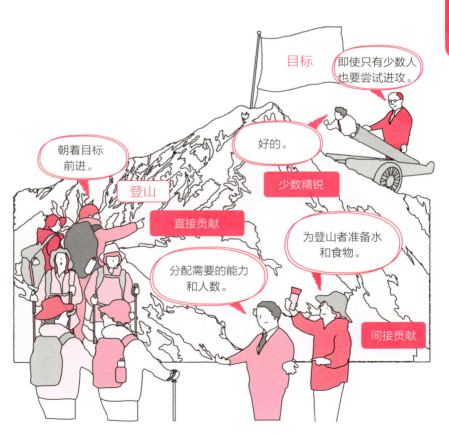

02 设计组织需要明确组织的目的

德鲁克认为，要设计组织，首先必须明确组织的目的。

战略是设计组织的关键。为此，必须明确组织的目的，整理组织需要的活动和不需要的活动。组织必须进行主要活动分析，也就是为了系统地理解"展现本公司的优势，要开展什么样的业务"而进行的分析。公司要想生存下去，就必须强化优势，同时排除、克服致命弱点。

发现优势，克服弱点

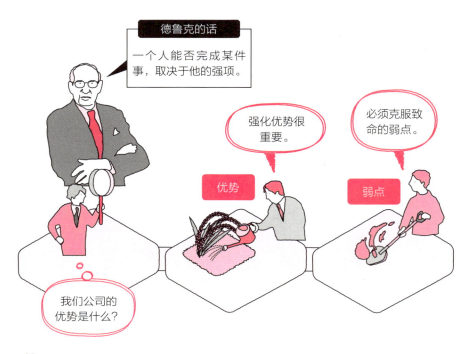

德鲁克的话
一个人能否完成某件事，取决于他的强项。

强化优势很重要。

必须克服致命的弱点。

优势

弱点

我们公司的优势是什么？

但是，由于经营资源有限，公司应该优先考虑能够发挥优势的领域，并确定哪些领域是可以暂缓或者无视的。明确应该专注的领域，也是主要活动分析的一部分。另外，在进行主要活动分析的时候，公司需要时常自问"要实现什么""这能让客户满意吗""董事长怎么样"，以此检视公司的主要活动是否遵循了公司的经营理念。

明确应该专注的领域

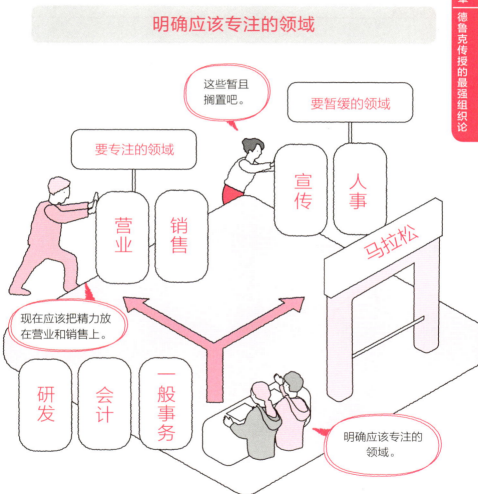

经营资源并不是无限的。明确应该做什么，也是主要活动分析的一部分。

03 改善组织的两项分析

企业如何才能高效开展各项业务活动呢？德鲁克认为需要进行决策分析和关系（贡献）分析。

德鲁克认为要提高组织的生产率，需要进行<u>决策分析</u>和<u>关系（贡献）分析</u>。所谓决策分析，就是分析"要提升成果需要做什么决策""这些决策会带来哪些影响""谁来执行这些决策，谁来提供支持"。通过预判决策会带来什么，可以确认各部门的合作情况。

决定最终方案的决策分析

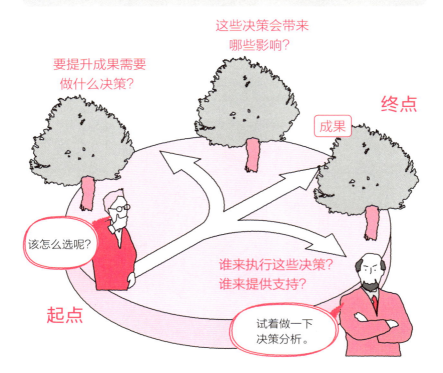

这些决策会带来
哪些影响？

要提升成果需要
做什么决策？

终点

成果

该怎么选呢？

谁来执行这些决策？
谁来提供支持？

起点

试着做一下
决策分析。

所谓关系（贡献）分析，就是正确把握部门之间的关系。"哪个部门对哪个部门有什么贡献""本部门被哪个部门期待做出什么样的贡献"，明确这些问题后，即使最终没有做出相应的贡献，也更容易找到原因。当然，世界上不存在完美的组织。德鲁克认为有必要经常对组织进行改善。

把握部门之间关系的关系（贡献）分析

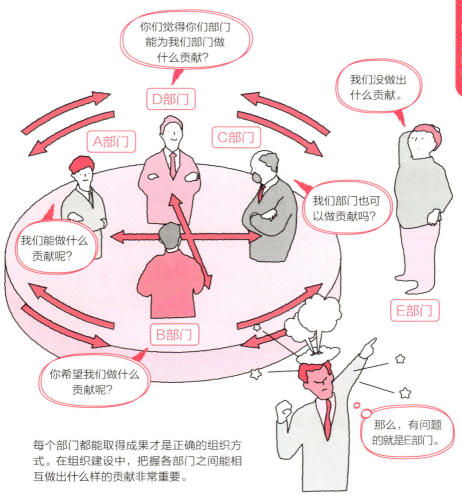

每个部门都能取得成果才是正确的组织方式。在组织建设中，把握各部门之间能相互做出什么样的贡献非常重要。

04 组织应该明确的七个条件

如何衡量一个组织是否是优秀的组织？对此，德鲁克列举了"优秀组织的七个条件"。

德鲁克列举了以下七个条件作为组织必须满足的最低要求：①简单明了；②经济性；③方向不动摇；④工作内容明确；⑤便于决策；⑥组织结构稳定；⑦持续生存下去。以上就是优秀组织的七个条件。从条件①～⑤可以看出德鲁克非常重视"明快性"。

优秀组织的七个条件

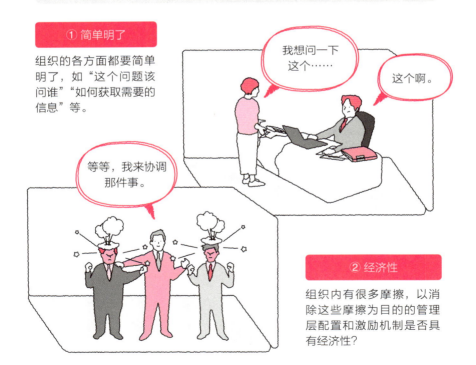

① 简单明了

组织的各方面都要简单明了，如"这个问题该问谁""如何获取需要的信息"等。

我想问一下这个……

这个啊。

等等，我来协调那件事。

② 经济性

组织内有很多摩擦，以消除这些摩擦为目的的管理层配置和激励机制是否具有经济性？

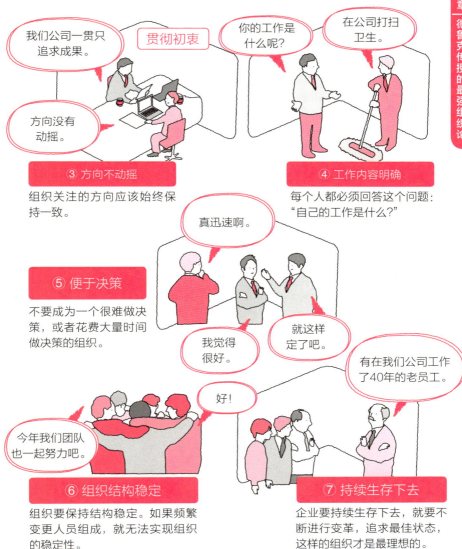

　　条件⑥和⑦表示了"组织在保持稳定的同时，能否适应环境"。虽然灵活应对工作环境很重要，但如果频繁出现大规模的组织变动，员工就无法静下心来专注工作。但如果过分追求稳定，组织的机动性就会下降。关键在于创建一个平衡的组织。

贯彻初衷

我们公司一贯只追求成果。

方向没有动摇。

你的工作是什么呢？

在公司打扫卫生。

③ 方向不动摇

组织关注的方向应该始终保持一致。

④ 工作内容明确

每个人都必须回答这个问题："自己的工作是什么？"

真迅速啊。

⑤ 便于决策

不要成为一个很难做决策，或者花费大量时间做决策的组织。

我觉得很好。

就这样定了吧。

有在我们公司工作了40年的老员工。

好！

今年我们团队也一起努力吧。

⑥ 组织结构稳定

组织要保持结构稳定。如果频繁变更人员组成，就无法实现组织的稳定性。

⑦ 持续生存下去

企业要持续生存下去，就要不断进行变革，追求最佳状态，这样的组织才是最理想的。

43

05 把握组织形式的优势与短板

德鲁克还提到了组织形式，他认为不同的组织形式有各自的优势和短板。

公司的 <mark>组织形式</mark> 分为事业部制和职能制。所谓事业部制，是指按照产品和地区划分事业部的组织形式。因为每个事业部都是独立的，所以可以形成利润中心。但每个事业部都有间接部门，因此也会存在效率低下的问题。通过将间接部门和总公司相结合的伪事业部制，可以解决效率低下的问题。

什么是事业部制？

事业部制下的每个事业部都是独立的，因此可以形成利润中心，这是这种组织形式的优势。

间接部门重复，效率低下。

总公司

你也是总务部的吗？

你也是吗？

XX公司
A地区
A事业部

名片

XX公司
B地区
B事业部

XX公司
A事业部
总务部

XX公司
B事业部
总务部

职能制是指按照生产、销售、会计等业务内容划分的纵向组织结构。因为专业性强，所以适合培养专业人才，但相互协作难度大，部门间容易产生摩擦。这种组织形式不适合培养能够从全公司的角度出发做决策的管理人员。事业部制和职能制，这两种组织形式是相互取长补短的关系。

什么是职能制？

除了事业部制和职能制组织，还有以开发新产品为目的的项目组等团队制组织。

06

导致组织走向错误的四个原因和基于目标的管理

要想取得成果，所有参与工作的人都必须朝同一个方向努力。但是，有时也会采用了错误的方法。

让员工朝着一个方向努力，这样才能称得上是好的组织。但有时也会采用了错误的方法。为什么会出现这种情况呢？德鲁克列举了四个主要原因，分别是：①根据职能对组织进行细分；②上下关系严格；③一线员工和管理层的想法有偏差，不能相互理解；④奖励错误的行为。

四个导致组织走向错误的原因

❶ 根据职能对组织进行细分

什么？

你只做这个就可以了。

❷ 上下关系严格

这样很没有道理。

要绝对服从上级的话。

交付期再快点。

这个很难办。

❸ 一线员工和管理层的想法有偏差，不能相互理解

这是特别奖金。

❹ 奖励错误的行为

他明明做了不正当的事。

企业要保持正确的方向，需要的是基于 目标的管理，也就是根据上级
部门的目标明确设定自己部门的目标，并引导下属做出贡献。通过设定目
标来进行管理的最大好处在于，管理者也可以思考并制定自己的目标。员
工带着如何将自己的工作转化为贡献的意识，主动地重新审视工作。

基于目标的管理

如果每个人都为了达成目标
而制订并执行计划，那么整
个部门或公司就能实现更大
的目标。

公司的目标

总经理

部门的目标

部门经理

个人的目标

07 相互贡献才是组织

德鲁克说："必须经常思考对组织成果产生巨大影响的贡献是什么。"

公司这种组织，并不是只要某个部门取得成果就可以，而是要制定相应的规则，让全公司形成一个协作体系。如果生产、销售、会计、研发、人事等部门都只考虑自己部门的贡献，就无法取得很好的成果。各部门要明确各自的关系，且无论哪个部门，都需要对其他部门做出贡献。

相互贡献的组织

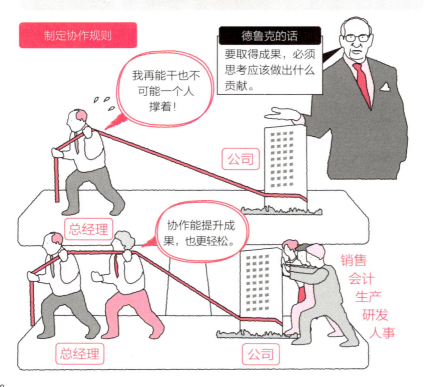

一个部门和其他部门的关系是前工序与后工序、支持与被支持的关系，相互传达需要对方做出什么贡献是很重要的。作为对其他部门做出贡献的回报，也必须要求其他部门对自己部门做贡献。此外，还需要明确上司和下属的贡献关系。下属的基本工作是辅佐上司，上司的基本工作是制定方针和目标，同时支持下属，对其进行指导教育。

上司与下属、其他部门之间的贡献

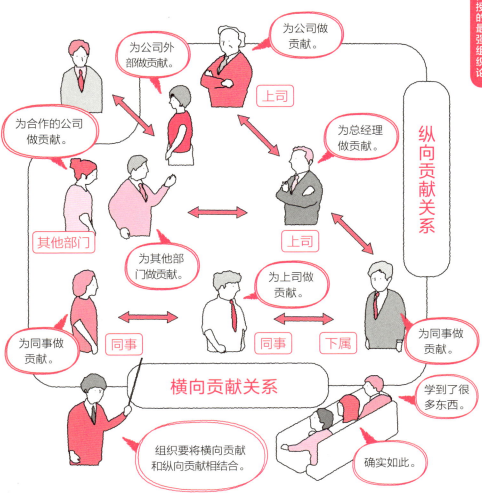

新业务需要协调组织的管理者

组织需要的不仅是某方面的专家，还要有能够引导员工，让他们充分发挥能力的管理者。

如果不能合理地将专业知识和能力结合起来，发挥综合能力，组织就无法实现跨越式发展。因此，选择适合的管理者至关重要。这种情况下，比起在技术或研发领域很出色的人，企业更需要的是一个通才（管理专家），他是一位优秀的管理者，能够放眼整个事业，同时也能够发掘和关注人才。

通才和专才

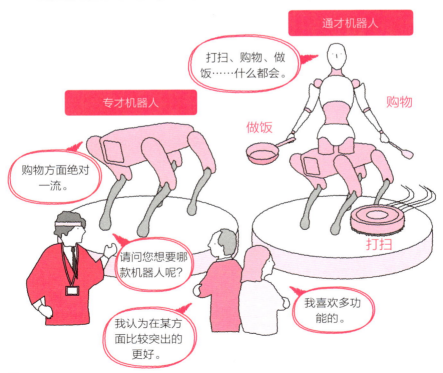

拥有专业知识的专才很容易执着于自己的专业知识，并会无意识地将一切引向自己的专业。一味强调自己的意志，依靠命令来调动全员，无法成为一个好的管理者。德鲁克认为，组织更需要的是能够调动公司内部的所有职能、让员工充分发挥自身个性、支持并协调员工的管理者（管理专家）。

能让员工发挥能力的管理者

09 对专家只要求成果

要求专家按照指示工作是行不通的，最好是只对他们的工作成果提出要求，让他们能够自由发挥，按照自己喜欢的方式工作。

专家是利用自己的专业知识和技能开展工作的人，包括工程技术人员、化学家、生物学家等自然科学领域的专家以及律师、经济学家、会计师等。另外，专家也很容易在工作方式和待人处事上与他人产生隔阂。"工作内容由我决定，你只要照我说的做就可以了"，用这种思路来对待专家是行不通的。

把方法论交给专业人士

专家被这样对待的话会失去干劲，他们自己知道怎样工作最好。对专家提出工作要求的时候，只要求成果就可以了。只是，所有工作人员都要共享方向性和价值感。此外，德鲁克还说，最理想的工作方式是让工作者按照自己的想法做事，如果没有取得成果，那是他们自己的责任。

对专业人员要求更好的成果

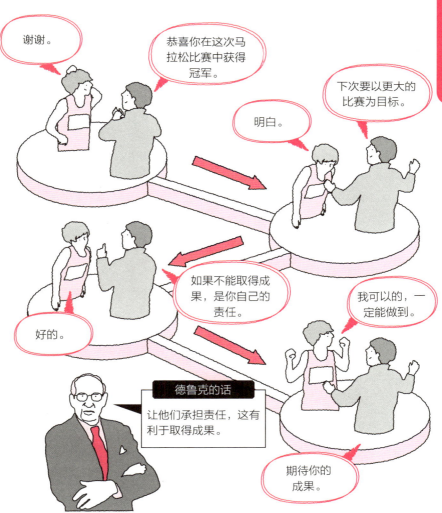

10 拒绝全票通过的决策

德鲁克认为，在会议等场合做决策的时候，全票通过并不是一件好事。这是为什么呢？

所谓做决策，就是做出从几个选项中选一个的决定。但是，很多人一开始就有自己的意见，只会关注对自己有利的事实。如何判断选项的有效性和优先性，制定合理的判断基准很重要。因此决策者需要亲自到现场，根据从现场获得的反馈来设定评价基准。

全票通过很危险

再往前走就安全了。

赞成！

赞成！

真的不会遇难吗？

另外，在做决策之前，需要和多人展开充分讨论。德鲁克重视的不是全票通过，而是对包括对立意见在内的多方意见进行验证。反之，德鲁克认为不应该就不存在分歧的项目做决策。深入学习、把面临的课题当成自己的问题来思考的话，必然会产生对立意见，对立才会给人启发。

从多方面充分展开意见交锋

对立意见会提高做决策的准确度。

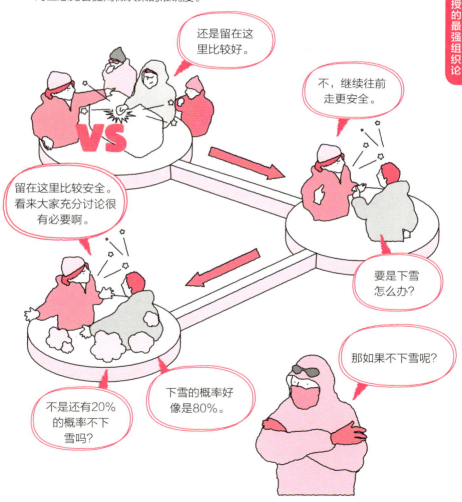

55

11 下属也应该管理上司

下属应该发扬上司的强项，弥补上司的弱点。要想取得成果，对上司的管理不可或缺。

无论是谁，都可能跟上司产生冲突或者有性格不合的地方。身为下属，应该做好上司的管理。德鲁克认为，让上司取得成果的关键在于发挥上司的强项。如果陷入被动，或者只注重改善弱点，就无法取得成果。因此，去试着发掘上司的强项吧，就像发掘自己的强项那样。

让上司取得成果

德鲁克认为发扬上司的强项是下属的职责。

上司的成功是下属的幸运。公司是将每个人的强项聚集到一起，并做出巨大贡献的组织。如果试图议论上司的弱点并对其严加指责，大概只能得出不好的结果。钢铁大王卡内基的墓碑上刻着"这里躺着的是一个知道怎样跟他那些比他更聪明的属下相处的人"，要想建立一个能取得成果的组织，就必须有这样的思考方式。

上司的成功是下属的幸运

管理不仅限于对下属，对上司也要进行管理，这样才能取得更好的成果。

终于一统天下了！

主公

主公成功了，我们也就成功了。

我们也要发扬主公的强项。

12 为了家族企业的繁荣应该优先做的事情

家族企业总给人封闭的印象。德鲁克强调，应该重视的不是"家族"，而是"企业"。

在日本，一提到家族企业，就会联想到"昭和""中小企业"等关键词。家族企业的优势在于，企业所有者及其亲属拥有企业的经营权并在企业内占据重要地位，因此他们会为了企业的发展不遗余力。此外，由于家族意识很强，他们往往更有动力去实现目标。然而，由某个家族独占企业的所有权，这会给企业带来负面影响。

家族企业如何繁荣发展？

家族企业不仅有劣势，也有优势。正因为是家族企业，所以家族员工有强烈的责任感，这有利于企业的长久生存。

不要把工作强加给员工。

比非家族员工更努力。

父亲·董事长

长子·总经理

母亲·专务董事

我会为公司尽心尽力。

祖父·咨询顾问

非常好。

我们也要努力。

仅仅因为是亲属，即便不具备相应的能力也可以身居高位，家族企业中不乏这样的例子。另外，家族企业还存在因为继承而导致股东分散，无法有效控制的情况。德鲁克认为，要经营好家族企业，就应该优先考虑"企业"，而不是"家族"。如果有人仅凭亲属身份就能在企业内获得高职位，这会导致企业业绩低迷，优秀人才也会流失。

"企业"优先于"家族"

如果不优先考虑企业，优秀人才就会流失，企业很容易陷入低迷。

德鲁克的话
家族固然重要，但在企业经营上必须将企业放在优先位置。

待在这样的企业也没有前途，辞职吧。

重要的职位只能由他们家族的人担任……

家族企业的经营团队

之后就交给你了。

好的。

普通员工

我们也会为非家族员工提供好的职位，也会为你们涨薪。

那我就继续努力吧。

原来他们会优先考虑企业啊。

稍等。

专栏2

你不知道的德鲁克 ②

观察社会现状的
未来学家

德鲁克是"知识巨人""20世纪的见证人""管理学之父"。他常说:"世界会变成这样。"很多时候的确如此,世界会朝着他描绘的方向发展,德鲁克也因此被称为"未来学家"。

尽管拥有各种头衔,德鲁克却称自己为"社会生态学家"。实际上,"社会生态学家"一词是由德鲁克创造的。

所谓"生态学",是观察某种生物"真实"的样子并研究其状态和变化的学问。

就像自然生态学家观察动植物一样,德鲁克认为自己的职责是观察人类社会,告诉人们社会上发生的事情。

事实上,德鲁克善于观察社会的真实面貌,从几十年前开始就明确指出了信息化社会、少子老龄化社会、环境问题、金融危机、恐怖主义抬头等现代社会确实出现了的现象。

关键词解说 2

☑ **关键词**

主要活动分析

客观把握现实，明确应该受到组织重视的重要举措。德鲁克认为，必须尽可能简单地开展组织主要活动。此外，他还强调，重要的是时刻牢记组织的目的。

☑ **关键词**

七个条件

德鲁克列举了以下七个评价组织的条件：①简单明了；②经济性；③方向不动摇；④工作内容明确；⑤便于决策；⑥组织结构稳定；⑦持续生存下去。

☑ **关键词**

导致组织走向错误的主要原因

德鲁克认为，导致组织走向错误的原因主要有以下四点：①根据职能对组织进行细分；②上下关系严格；③一线员工和管理层的想法有偏差，不能相互理解；④奖励错误的行为。

☑ **关键词**

目标的管理

根据上级部门的目标设定自己的目标，目标设定后根据目标明确自己的行动。在达成目标之前保持自立、自律，努力工作并做好自我管理。

☑ **关键词**

贡献关系

德鲁克强调贡献关系的重要性。他认为组织内各部门是相互贡献的关系，只考虑自己部门的贡献无法取得最大的成果。无论哪个部门，都必须思考如何对其他部门和整个公司做贡献。

13410200
56400390
30098000...

第 **3** 章

向德鲁克学习领导者
应具备的条件

　　要串联起一个组织，领导者的存在不可或缺。领导者应该是什么样的人？德鲁克对这一问题进行了反复观察和研究。现在拥有下属的人，或者今后想成为领导者的人，请务必阅读本章。

01 什么是真正的领导力？

德鲁克认为领导力不是人与生俱来的特质，在他看来，归根结底，"领导力就是工作"。

所谓领导力，是指将团队聚集在一起，带领团队为某个目标而奋斗的能力。虽然有的领导者很有领袖魅力，但如果没有这种先天资质就无法发挥领导能力吗？其实不然。比起这个，更重要的是做好该做的事。把应该做的事情落实到日常工作中，把每天的活动和最终目标结合起来，这就是出色的领导力。

领导力就是做好该做的事

领导力并非与生俱来的特质，德鲁克重视的是"做好该做的事"。此外，将这些该做的事落实到日常工作中也很重要。

德鲁克认为，领导者必备的品质是真诚。真诚指的是诚实，带着很强的道德感行动。另外，德鲁克还说，除了真诚，成为领导者的要素还有经验和系统的学习。只是，这两点不是绝对必要的。只要学习和经验不是零，就可以通过其他要素来弥补。

真诚、学习、经验三要素

领导力的方程式是"真诚×(学习+经验)"，其中真诚是最重要的条件。如果学习和经验中的某一项为零，就无法发挥领导力。只要不是零，就可以通过其他要素来弥补。

02 领导者是建立机制的人

德鲁克认为，要激发人的工作动力，重要的不是心理理论，而是建立有价值的工作机制。

没有动力，就无法做好工作。动力简单来说就是干劲，领导会鼓励员工"要有热情"，但用这样的心理理论来指导员工是无法激发员工动力的。必须建立一个有效激发员工动力的机制，即进行能够让他人的工作有价值的"合理配置"，这才是领导者的职责所在。

激发员工干劲的四个要素

① 合理配置

做喜欢的工作和有成就感的工作时，人会有干劲。

② 高水平的工作

适当挑战有难度的工作时，人会有干劲。

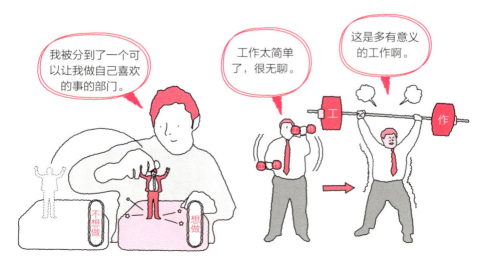

除此之外，德鲁克认为建立机制还需要三个要素，即"高水平的工作""自我管理所需的信息"以及"参与决策"。加之之前提到的"合理配置"，活用这四个要素来激发员工的动力吧。另外，"对工作的责任感"也是提高工作动力的要素，人在被委以重任的时候会更有干劲。

03 领导者必须真诚

德鲁克说，领导必备的品质是真诚，这是最基本的。

在前文中也提到过，德鲁克认为领导者必备的品质是真诚。他说，领导者要将自己的团队团结在一起，为此真诚是必备品质，优秀的领导者不需要具有特别吸引人的领导魅力。关键是要有对工作保持真诚的态度。

不真诚的领导者会破坏组织

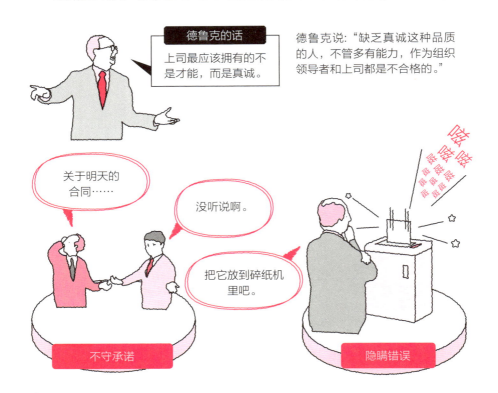

德鲁克的话

上司最应该拥有的不是才能，而是真诚。

德鲁克说："缺乏真诚这种品质的人，不管多有能力，作为组织领导者和上司都是不合格的。"

关于明天的合同……

没听说啊。

把它放到碎纸机里吧。

嗞嗞嗞

不守承诺

隐瞒错误

真诚的人是诚实的人。为了明哲保身而撒谎，或者隐瞒自己的错误，这样的领导者会毁掉组织。真诚的人会采取有道德的行动。做出不正当行为，最终导致组织毁灭的人，毫无疑问是差劲的领导者。而且，真诚的人拥有坚定的信念。说话变化无常的人得不到周围人的信赖，也无法成为优秀的领导者。

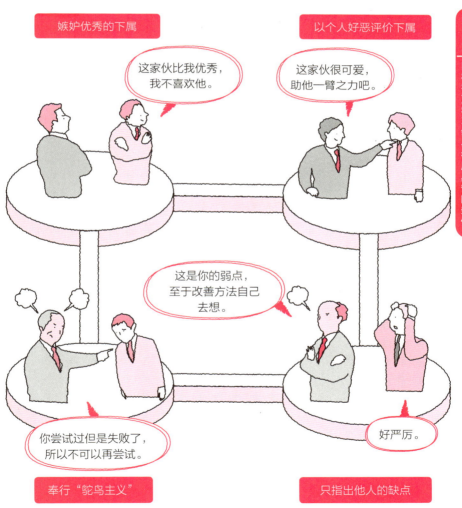

04

领导者必须预测未来

领导者必须预测团队和企业未来可能面临的各种状况和风险，并为之做好准备。

未来很难预测，但德鲁克认为我们应该尽可能地为未来做好准备。思考未来的过程中，最重要的是理解"经营环境在不断变化"。另外，寻找"哪些变化尚未对经济产生影响"也很重要。在此基础上分析"变化发生的可能性和时间"，为未来做好准备。

用合理的思维方式预测未来

关注人口变动等最终会给经济带来影响的动向，这被称为暗流分析。

经营环境在不断变化。在做决定的时候，要事先设想可能面临的最坏情况。

未来会是什么样的呢？

设想可能面临的最坏情况，通过暗流分析和趋势分析来预测未来。

经济按照一定的趋势发展，所以要密切关注其动向，这被称为趋势分析。但是，有时也会出现急剧的通货膨胀和通货紧缩等意外情况。

在为未来做准备之际，需要考虑工作相关的风险。任何工作都伴随着风险，德鲁克将工作风险分为四种类型，即"应该承担的风险""能够承担的风险""不能承担的风险"和"因为不承担而带来的风险"。通过判断自己的公司面临的风险是这四种风险中的哪一种，可以更具体地为未来做准备。

存在四种风险

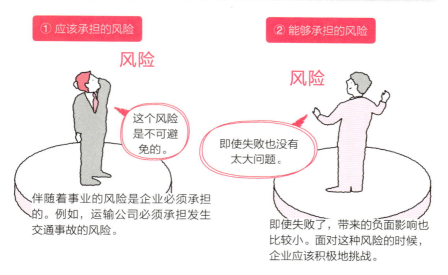

① 应该承担的风险

风险

这个风险是不可避免的。

伴随着事业的风险是企业必须承担的。例如，运输公司必须承担发生交通事故的风险。

② 能够承担的风险

风险

即使失败也没有太大问题。

即使失败了，带来的负面影响也比较小。面对这种风险的时候，企业应该积极地挑战。

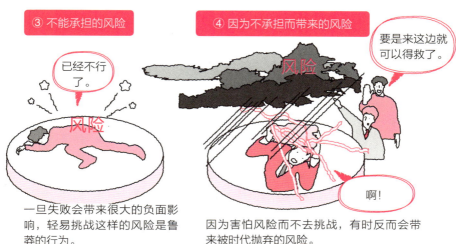

③ 不能承担的风险

已经不行了。

风险

一旦失败会带来很大的负面影响，轻易挑战这样的风险是鲁莽的行为。

④ 因为不承担而带来的风险

风险

要是来这边就可以得救了。

啊!

因为害怕风险而不去挑战，有时反而会带来被时代抛弃的风险。

71

05 领导者将变革视为机遇

德鲁克把将时代变化视为机遇的领导者称为"变革型领导"。

在瞬息万变的现代社会，能否将变化视为机遇非常重要。德鲁克将具备这种能力的人称为变革型领导，成为变革型领导有四个条件，第一个条件是能够抛弃以往的做法，第二个条件是能够持续改善业务的各方面。

成为变革型领导的四个条件

对产品、服务、客户、流通等各方面进行审视，如果有需要淘汰的部分，就不要拘泥于以往的做法，而要果断将其舍弃。就像汽车制造商每隔几年就会推出新车型一样，定期抛弃现有的产品也是一样的道理。

德鲁克的话
定期抛弃很重要。

① 能够抛弃以往的做法

以往的做法

垃圾箱

第三个条件是始终追求成功。很多组织会执着于问题点以避免重复失败，但更重要的是在组织内共享成功信息，共同分析成功案例。第四个条件是让创新成为可能。在组织中建立能够进行创新的机制，提高实现创新的概率。

② 能够持续改善业务的各方面

如果产品、服务、客户、流通等方面有需要改善的地方，能够持续地、系统性地加以改善。

不是那样。

不是这样。

要改善的是这里。

一系列业务

也不是这样。

③ 始终追求成功

不仅要分析失败之处，也要分析成功案例，培育创新的土壤。

我们要创新。

④ 让创新成为可能

如果由变革型领导带头的话，组织内进行创新的概率就会提高。

06 把工作交给一线也是领导者的职责

最了解一线情况的人是一线管理者。德鲁克说，要赋予他们权限和责任。

德鲁克认为，赋予一线管理者权限对于一线工作取得成果非常重要。一线管理者不能对企业管理层唯命是从，而是应该根据自己的判断调动现场，这样才能取得工作成果。另外，把工作交给一线的好处在于：了解一线情况的一线管理者能够根据一线工作人员的能力为他们分配工作。

授权给一线管理者有利于提高生产率

领导者的职责不是把工作强加给下属，而是重新审视"工作的目的是什么"，并将思考的结果与一线共享。之后就相信一线员工，把工作交给他们吧。但是，"委派"和"放任"是不一样的，管理一线是领导者的工作。

把工作交给一线还有一个好处是能够在现场决定工作顺序，判断现在的工作状态是否与工作目的相吻合。比起不了解一线情况的人，把工作交给了解一线情况的人更能提高工作效率。经营者作为企业领导，应该赋予一线管理者责任和权限，把工作交给他们。

如果一线管理者被赋予权限，能够自主做各种决定，一线的生产率就会提高。在一线管理者没有被赋予权限的状态下，公司很容易造成损失。

要在产品上下功夫。

新产品

我要聘请一个新兼职人员。

周六、周日、节假日可以兼职吗？

你们自己决定工作顺序。

可以的。

德鲁克的话

我们必须赋予那些有知识并且想要为公司做出贡献的人极大的自主权。

07 领导者需要做好应对危机的准备

商业活动中不知道什么时候危机会到来，领导者必须为此做好准备。

世界处在不断变化中，曾经畅销的公司产品也可能会有卖不出去的一天。面对这样的危机，领导者可以选的方式有：不去面对，即"逃避"；危机来了之后再考虑对策，即"等待"；在危机到来之前就预先做好准备，即"准备"。逃避和等待无法应对危机，做好准备才会有提升业绩的机会。

能够应对未来危机的只有"准备"

也许有一天我们公司的畅销产品会卖不动了。

受欢迎的产品和服务总有一天会过时。在产品和服务取得成功的同时，必须思考对策以应对未来可能出现的危机。虽然有逃避、等待和准备这三条路可以选择，但真正能应对时代变化的唯有"准备"这一种方式。

所谓准备，就是把事情做得更好，创造出更多新的东西。要让现在经营的公司产品变得更好就需要对其进行改善，要让产品变得更有新意就需要创新。德鲁克认为，这种情况下不应该执着于过去的成功经验。挑战新事物的时候，最好组建一个新的团队。

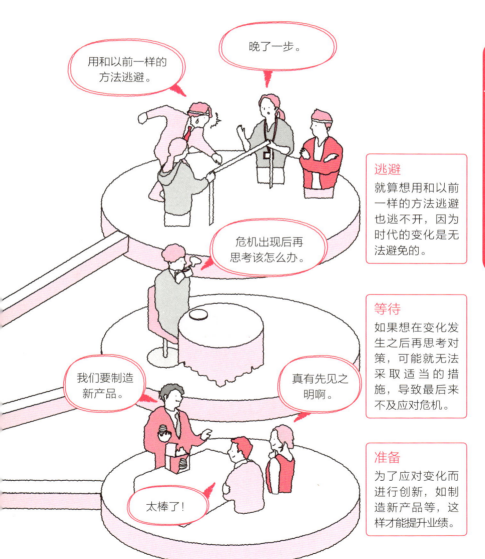

逃避
就算想用和以前一样的方法逃避也逃不开，因为时代的变化是无法避免的。

等待
如果想在变化发生之后再思考对策，可能就无法采取适当的措施，导致最后来不及应对危机。

准备
为了应对变化而进行创新，如制造新产品等，这样才能提升业绩。

08 共享信息是领导者的职责

德鲁克认为，对组织而言，将领导者所做的决定清楚地传达给下属很重要。

　　有A、B两个选项的时候，如果领导者选了A，所有下属也都会追随。虽然很多组织都是这样做的，但是这种情况下领导者是否向下属说明选A的理由，其结果会产生很大的差异。明确告诉下属这样选的理由，下属就会信任领导者，尊重领导者的判断。"默默追随我就可以了"，抱着这种态度的领导者则无法得到下属的信赖。

在组织内部公开做决策的理由

领导者代表组织做决策的时候，如果不向下属说明理由，下属就不得不在不理解的情况下被迫追随领导者的判断。

领导者将决策所需信息传达给下属，下属就能更深刻地理解领导者的想法。德鲁克说："很多领导者都认为组织全体成员都知道自己在做什么以及为什么这样做，但事实并非如此。"领导者要让下属理解自己，就必须在组织内共享信息。

下属对领导者的不信任，有时候甚至会成为导致组织崩溃的原因。

领导者公开做决策的理由，更容易引起下属的共鸣。下属也会因此理解领导者的理念，尊敬并信任领导者。

09 经常倾听下属的意见

德鲁克还谈到了沟通，他指出沟通有助于让组织中的每个人都取得成果。

沟通是管理的基础。实际上，德鲁克说："沟通是管理的原点。"沟通的目的既不是自上而下，也不是自下而上，而是实现能够相互理解的高级交流。此外，德鲁克还说："沟通是感知、期待、要求，而不是信息。"

沟通是领导者的职责

上司单方面地对下属发表观点，这只是自上而下的沟通，无法让相互理解。反过来，自下而上的沟通也是如此。

要简单易懂地解释感知、期待、要求和信息等词语，可以将它们的内涵分为以下四类：①让对方理解；②让下属从平时就开始期待目标；③传达要求的内容；④信息是客观的，沟通是主观的。要让上司和下属之间结成牢固的纽带，这种沟通非常必要。

相互理解的四个原理

德鲁克的话

让沟通成立的不是输出者，而是接收者。

① 让对方理解

要建立沟通，就要用对方能理解的方式来表达。

你能理解吗？

可以。

我教你一个新方法。

现在几点？

去找1000名新客户。

20人就是极限了。

② 让下属从平时就开始期待目标

就像人会对自己感兴趣的背景音乐有反应，不感兴趣就没有反应一样，如果上司说了下属不感兴趣的话，下属也不会接受。

对那个方法不感兴趣，所以我选择无视。

12点。

这不叫沟通。

③ 传达要求的内容

明确传达希望对方理解的事、希望对方付诸行动的事，以及希望实现的目标和成果。

④ 信息是客观的，沟通是主观的

沟通不能只靠信息的交换，它建立在共同理解的基础上。

10 合理安排工作

德鲁克认为，在为下属分配工作的时候，为其分配能让对方做出贡献的工作非常重要。

领导的重要职责之一是为下属分配工作。这种时候必须意识到，要为下属分配能让其为公司做出贡献的、适合的工作。如果被分配的工作太简单了，下属会觉得不满足。要为下属分配对他而言有挑战价值的、难度适度的工作。通过完成这样的工作，下属会建立自信并逐渐成长起来。

让下属成长的工作分配方式

如果总是被分配对能力要求太低的工作，下属会感受不到工作价值。完成有难度的工作后，下属才能建立自信并获得成长。

正确的做法

明天之前再完成20页。

虽然是比较困难的工作，但是有做的价值。

错误的做法

1周完成1页。

这工作太简单了，没意思。

为下属分配工作的时候，很重要的一点是不要把时间设定得太长。在长期工作中，下属很难有取得成果的成就感，也无法获得自信，体验到成功的感觉。另外，辅佐上司也是下属工作的一部分，但光让下属辅佐上司也不好。因为如果只是这样的话，对下属而言自己的工作就变成了取悦上司。

如果下属所做的工作周期太长，就无法获得成就感。同时也会因为很难获得成功体验而无法成长。

如果只让下属支持上司的工作，下属就会认为"对自己而言，工作的成果就是让上司开心"，抱着这样的想法就会变成一个无法自主做决策的人，这也可能会导致组织崩坏。

11 以成果评价他人

领导者在评价下属的工作时，不要凭个人喜好或者下属的工作态度来评价，重要的是确认成果。

职场中存在各种各样的人际关系，上下级关系也是其中之一。领导者要正确评价下属，应该以什么为基准呢？德鲁克指出，组织的正确与否取决于是否具有成果中心主义精神。所谓成果中心主义精神，简单来说就是不以"谁做的"而是以"取得了什么样的成果"来评价一项工作。

用成果中心主义来评价下属

在评价下属的时候，不能因为人际关系而影响到评价结果。说到底，还是要用成果来评价下属，这才是成果中心主义。此外，公开评价基准也会让评价更公平，下属也更能全身心投入工作。

"喜欢的下属取得了成果，所以给予好评""不喜欢的下属取得了成果，所以不予好评"，这些都不是成果中心主义。另外，领导如果采取成果中心主义，就必须与下属分享"什么是成果"这一基准。明确成果的基准，下属的工作积极性也会提高。

重要的是正确评价成果。成果不仅包括销售额和节约的成本等可以用数字衡量的部分，也包括对管理方面以及对公司的支持等无法用数字衡量的部分。

12

不把下属看作问题、费用和敌人

德鲁克认为，要管理好下属，促进下属的成长，关键在于将下属视为成长的资源。

德鲁克说："要提升人（下属）的成果，就要将人（下属）看作资源，而不是问题、费用和敌人。"没有必要把下属当成包袱，也没有必要把下属当成威胁自己地位的对手。上司要能够激发出下属的能力，这是团队的成果，也是上司自己的成果。

人是成长中的资源

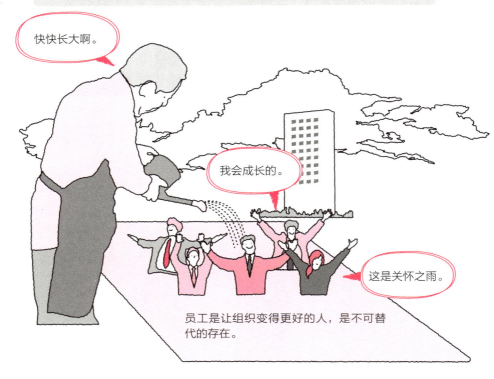

人是组织活动中不可或缺的存在。上司必须合理安排下属，为此，上司和下属需要互相支持，发挥各自的优势。上司要把下属安排在能够充分发挥其优势的岗位上。如果下属没有取得成果，请上司重新考虑为其安排的位置是否恰当。

重新思考是否取得了成果

要想取得成果，领导者必须合理安排下属。为此，请把下属安排在能够让他们发挥所长的岗位吧。

你不知道的德鲁克 ③

关注动荡时期社会和金钱的关系

　　20世纪30年代的欧洲处在非常动荡的时期，德鲁克在那里度过了他的青年时代。

　　德鲁克曾呼吁大家警惕希特勒极权主义的危险性，但没有被人们接受，因为当时希特勒被认为是能够解决经济危机的领袖人物。

　　在这样的时代潮流下，德鲁克意识到，人们最终是被金钱所驱动的。

　　自那之后，德鲁克开始不断思考什么样的社会才能给人带来幸福，以及这样的社会与金钱之间的关系。

关键词解说 3

☑ 关键词

领导力

领导力是将组织全体人员聚集在一起，制订计划并带领他们完成计划、取得最佳成果的能力。德鲁克非常重视那些将自己需要做的事情融入日常工作，并将其与最终目标联系起来的人。另外德鲁克还说，工作就像弹钢琴一样，反复练习就能提高水平。

☑ 关键词

动力

意思是"干劲""积极性"，在商业场合多用于表示"赋予动机"。要提高工作动力，需要做到以下四点：①能发挥自身优势的岗位；②高水平的工作；③能够获取用于评价自身工作的明确信息；④能从经营者的角度看待工作。

☑ 关键词

真诚

保持诚实，带着高度的道德感行事。另外，要对工作诚实，坚定信念绝不动摇。德鲁克曾说："一个缺乏真诚特质的人，无论多能干，作为上司或者组织的一员都是不合格的。"

☑ 关键词

变革型领导

变革型领导是能够应对时代变化的人，这里的时代变化指的是当时急剧进行的结构改革。德鲁克认为变革型领导需要具备以下四个条件：①能够抛弃以往的做法；②能够持续改善业务的各个方面；③始终追求成功；④让创新成为可能。

☑ 关键词

沟通

沟通是指建立在共同语言和共同理解基础上的意见交流。工作中的沟通以共享目的、目标、工作进度等为大前提。此外，德鲁克还认为，使沟通成立的是接收者。

13410200
56400390
30098000...

4

德鲁克式时间管理

　　每天都要面对大量工作，被时间追着跑，想必这样的商务人士不在少数。德鲁克认为"时间管理"对于获取工作成果非常重要，正如他所说："取得成果的人并非从工作出发，而是从时间出发。"本章将从如何利用时间到减少浪费，向读者介绍德鲁克提倡的时间管理方法。

01 理解时间的性质

德鲁克对工作应该先有计划的一般理论持怀疑态度，他说："让我们从时间，而不是从计划和工作开始思考。"

我们常说"珍惜时间"，越是有能力、有成果的人越看重时间，把时间放在优先的位置考虑。因为当你想要完成一件事的时候，时间是有限的。它不像金钱和物资那样是可以筹措的，它是其他东西无法替代的稀缺资源。尽管如此，很多人还是认为时间是无限的，并将之视为理所当然。

理解时间的性质

时间是稀缺的

正因为时间是非常稀缺的东西，所以我们在做事情的时候有必要将其放在首位来考虑。

时间是买不到的

时间是买不到的，而且也不能借给别人。

为了不浪费有限的时间资源，必须了解时间的性质。时间无法储存，也不能借给别人。当然，时间逝去了就永远不会再回来。德鲁克说，时间总是很短缺，因为即使需求量再大，供应量也不会发生变化。正因如此，我们才有必要进行时间管理。

时间不会倒流

时光一去不复返，因此，时间管理非常重要。

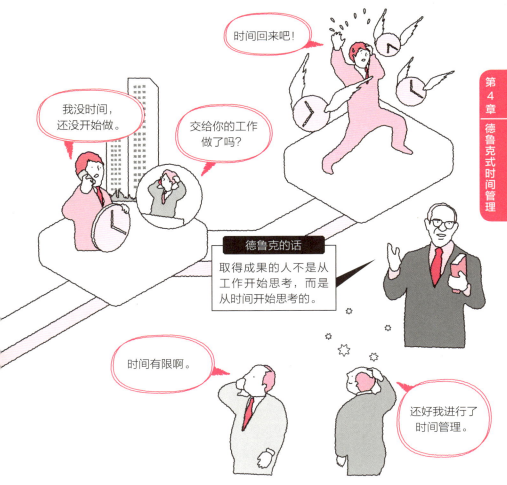

德鲁克式时间管理的三个步骤

德鲁克列举了三种创造时间以取得成果的方法，他强调"时间管理很重要"。

即使你打算按照自己的方式进行时间管理，但在公司时自己的时间总是被他人占用，等意识到的时候发现只剩下碎片时间了，这是常有的事。为了推进工作，需要确保有大量集中的时间。为此，德鲁克建议实时记录自己的时间使用情况，从掌握事实开始。

记录时间的使用方法，找到浪费时间之处

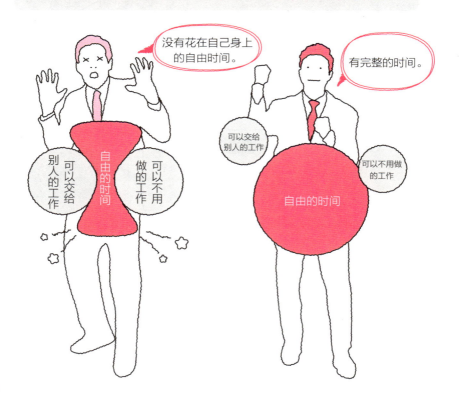

德鲁克提出了能够取得成果的时间管理的三个基本步骤，分别是：①记录时间；②梳理时间；③整合时间。也就是说，无论如何都要记录时间，梳理是否有必要花时间做某项工作，并确保有完整的时间。通过了解时间的使用方法，可以增加更多自由的时间，避免对时间这种稀缺资源的浪费。

以创造时间为目的的时间管理

① 记录时间。

- 如何使用时间？
- 在什么事情上花费了时间？

② 梳理时间。

- 梳理造成时间浪费的原因。
- 这项工作应该立刻做吗？
- 对现在必须要做的工作和非必须要做的工作进行分类。

③ 整合时间。

- 集中进行同一类别的工作。
- 确定用于完成一般工作的时间段。
- 在相对集中的时间内完成工作。

德鲁克的话

不要之后再凭着记忆做记录，要实时记录。

03 找出造成时间浪费的原因并解决问题

德鲁克说:"取得成果需要大量集中的时间。"他认为找出造成时间浪费的原因并解决问题很重要。

只要身为组织的一员,就一定会有自己无法控制的时间。会议、商谈、协助下属等,这些都不是可以根据自己的时间来安排的事情。在公司里的地位越高,被他人占用的时间也就越多。但是,如果意识到时间的浪费,它也是可以解决的问题。

找出浪费时间的根源

① 工作缺乏系统性,缺乏远见,导致周期性的混乱和麻烦

反复出现的混乱和麻烦,无非是疏忽大意造成的。对此需要采取预防措施,如制作工作手册等。

② 人员过剩

人员过剩本身就是浪费。人员管理和时间分配是很重要的,如进行职责分配等。

德鲁克指出了造成时间浪费的四个主要原因：①工作缺乏系统性，缺乏远见，导致周期性的混乱和麻烦；②人员过剩；③会议过多等组织缺陷；④信息传达机制不完善的信息相关功能障碍。找出浪费时间的原因并加以解决，就能确保拥有能够自由支配的完整时间。

③ 会议过多等组织缺陷

会议是有目的地做出决策的场合。会议繁多，但什么也决定不了，这只会浪费时间。

什么都没决定。

会议会不会太多了？

又是毫无意义地聚集在一起。

一直讨论同一个问题，没有意义啊。

德鲁克的话

要进行成果管理，首先要了解自己是如何利用时间的。

我认为我照你说的做了。

到底什么才是对的？

没有错啊。

这和我说的不一样。

④信息传达机制不完善的信息相关功能障碍

如果一个组织的信息传达有问题，就会引起混乱，造成时间浪费。为此组织应该找到信息传达过程中存在的不足和缺陷，并加以改善。

04 取得成果的人善于整合时间和工作

德鲁克曾说："如果只能举出一个取得成果的秘诀，那就是专注。"他强调整合时间的重要性。

有很多工作的时候，留出完整的时间集中在一项工作上非常重要，因为完整的时间有助于快速完成工作。回复邮件和撰写业务报告等杂事要在下班前进行，决定会议和商谈等要在星期几召开……像这样学会整合时间。

时间和工作都需要"整合"

杂事要在下班前1小时一口气做完。

会议和商谈在周一进行吧。

德鲁克的话

碎片时间没有意义，确保完整的时间，集中注意力。

越忙碌的人越是熟悉"集中注意力的方法"。德鲁克认为："能取得成果的人会从最重要的事开始做，而且一次只做一件事。"把时间和精力集中在一件事上，可以在很短的时间内完成工作。但如果同时做好几件事，只要其中一件发生了问题，全部工作就会停摆。

确定优先顺序，集中精力做一件事

无法取得成果的人往往会同时进行多项工作，或者急于求成，结果不得不重新开始，这样反而会耽误工作。

05 让会议目的有意义

德鲁克认为要让会议有效果，"首先必须明确会议的目的应该是什么"。

参会者冗余的会议、时间很长但得不出结论的会议等，这些都是只会造成时间浪费但毫无效率的无效会议。德鲁克认为，要让会议有意义，关键在于传达和共享信息，以及做出某项决策。这样一来，就可以从无用的资料制作中解脱出来，也不用再绕弯路，从而让会议更富有成效。

不要让会议成为闲聊的场合

目的不明确的会议难免沦为闲聊的场合。另外，手握决定权的董事长和负责人发表热烈的讲话，其他参会者只是在听，这也是会议常见的情景。

即使明确了会议目的，如果没有人发言，或者虽然大家踊跃发言但没有达成一致，这个会议同样是浪费时间。首先要选择适合会议内容的参会者，其次应该要求全体参会者做出贡献。重要的是全体参会者要围绕如何实现会议目的展开讨论，如提出方案、提出有建设性的意见或者作为专家发表见解等。

会议应聚焦贡献

明确会议的目的是传达信息、共享信息还是做出决策，并将会议目的事先告知大家，这样一来参会者在准备和主持会议的时候也能更有针对性，避免造成时间浪费。此外，要求全体参会者都做出贡献的话，大家发言的积极性和质量也会提高。

06 舍弃没有成果的工作

德鲁克认为，在确定待办工作的优先顺序时，"筛选出不需要完成的工作，并确定它们的劣后顺序"也很重要。

忙碌是判断力和创造力丧失的主要原因之一。当人筋疲力尽，精力和体力都无法恢复的时候，就无法展现出良好的工作状态。所以德鲁克告诉我们，确定工作的优先顺序和劣后顺序很重要。然而，确定工作的优先顺序相对容易，确定劣后顺序却相当困难。

真正重要的是确定劣后顺序

劣后顺序与帕累托法则（二八法则）相同，即产品销售额的80%来自20%的产品。与其在所有工作上投入时间和人力，不如筛选出能够取得成果的工作，舍弃其他工作。

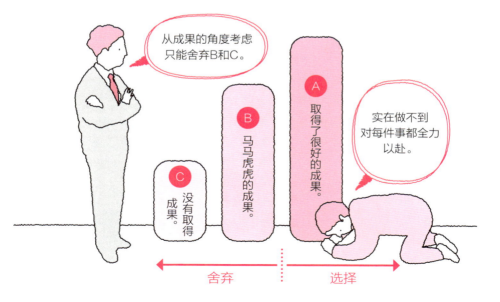

所谓确定劣后顺序，就是舍弃已经失去价值的工作。收回此前已经投入的资源需要勇气，不仅如此，参与其中的员工也会产生不满。此外，自己放弃之后还不免会担心竞争对手也许会在同样的业务上取得成功。但是，为了未来考虑也应该确定劣后顺序，将投入其中的资源转向优先事项。

为了未来确定劣后顺序

对那些落后于时代的业务、遗留很多问题的业务、在行业和市场上无法与其他公司形成差异化的业务、过于保险而感觉不到新意的业务，都应该鼓起勇气舍弃。但是，不要不假思索地一味放弃，重要的是为公司未来的成功考虑。

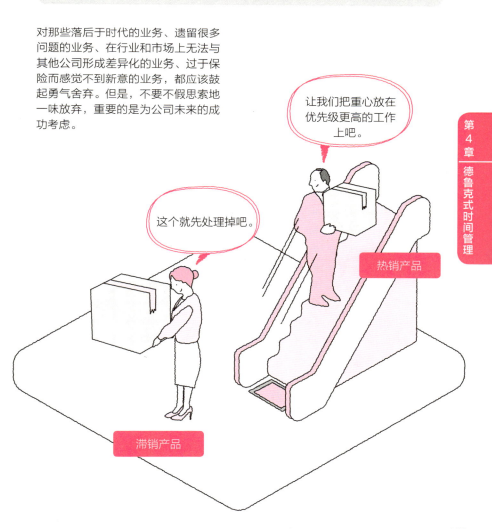

07 选择未来而非过去

确定工作顺序是一项压力很大的工作，对此德鲁克认为"重要的不是分析，而是勇气"。

与劣后顺序相比，将精力和时间分配到应该优先完成的工作上，即"确定优先顺序"相对容易。不过，在确定优先顺序时也有一些重要的原则，德鲁克就列举了四项原则：①选择未来而非过去；②关注机会而非问题；③不要随波逐流，要有自己的方向；④聚焦能带来变革的事物而非保险的事物。

是否有广阔的前景和良好的机遇

此外，德鲁克还告诉我们，要想取得出色的成果，不仅要有确定优先顺序的分析能力，还要有做出决定的勇气。

勇于追求机会

08 为自己的优势投资时间

德鲁克说："能取得成果的人就是努力做自己的人。"他强调发挥自身优势的重要性。

如果你属于某个组织，就很难按照自己的意愿工作，会受到组织的方针政策、自己的职位、被赋予的权利等诸多限制。但是，一味抱怨"不让我做自己想做的事"并不会提高工作效率或提升工作成果。要想提高效率、取得成果，就应该在可行范围内充分发挥自己的优势，做自己擅长的事。

在可行范围内全力以赴

模仿他人最终只会因为勉强自己而降低效率。会说话也好，会察言观色也好，请认真思考自己的优势是什么。分析自己是哪种类型的人，是引人注目的人，还是无名小卒，这也是一种思维方式。正如德鲁克所说的"只有优势才能酝酿成果"，优势是自己的资源，只要灵活运用，就很容易利用它来取得成果。

利用自身优势提高生产率

专栏 4

你不知道的德鲁克 ④

影响了很多名人的
德鲁克

　　德鲁克一生留下了诸多著作，影响了世界上很多人。

　　欧美的企业家们自不必说，在日本，以索尼、优衣库、伊藤洋华堂等为代表的日本大企业的经营者们也受到了德鲁克的很大影响。

　　德鲁克出生于第一次世界大战之前。从他生活的时代到现在，社会形态和人们的思维方式都发生了很大的变化。但是德鲁克的话并不过时，依然适用于现代人。

　　不仅如此，最近德鲁克的著作在年轻的创业者和商人之间也广为流传。

　　可以说，无论时代如何变迁，德鲁克的教诲却从未过时。这是因为他时常审视人类的本质，不断思考人类的幸福。

关键词解说 4

时间的性质和时间管理

时间是最稀缺的一种资源。因为它无法储存，所以如果不能对其有效利用就无法提高生产率。因此，德鲁克认为需要进行时间管理，找出造成时间浪费的原因，以免继续浪费时间。

劣后顺序

劣后顺序是指不应该从事的工作的顺序。只是，要舍弃失去价值的工作需要一定的勇气。因此，德鲁克认为比起分析和确定工作的劣后顺序，按照确定的劣后顺序舍弃不必要的工作要困难得多。

优先顺序

优先顺序是指应该从事的工作的顺序。德鲁克指出，确定优先顺序有四个原则：①选择未来而非过去；②关注机会而非问题；③不要随波逐流，要有自己的方向；④聚焦能带来变革的事物而非保险的事物。

优势

"优势"就是比别人或别的公司优秀的地方。德鲁克认为，对优势应该集中投入人力、物力、财力。反之，对不太擅长的工作则可以无视或者推迟。另外，做别人和别的公司不想做的事情，这也是优势。

知识巨人传授的自我实现方法

虽然很努力工作，但总是无法取得想要的成果。这种理想与现实的差距让不少人为之烦恼。如何才能成为更好的自己，取得更大的成果呢？不妨一起来学习德鲁克传授的自我管理方法吧。

获取成果的五个习惯

德鲁克说："自主决策并由此取得成果的人有五个习惯。"

德鲁克把自主决策并采取行动的商务人士称为"高管"。一般来说，高管是指在企业身居要职的人和高级管理人员等。但是，只要按照自己的意愿行事，无论是新员工还是没有下属的普通员工，都可以成为德鲁克定义的高管。

德鲁克眼中的高管

一提到高管，就会联想到经营者和高级管理人员等。但是，德鲁克定义的高管还包括没有职位的新员工和没有下属的普通员工。只要自己做决策并负责任地采取行动，谁都是高管。

德鲁克认为的高管是能取得成果的人。"高管的五个习惯"有助于取得成果：①系统地使用时间；②意识到周围人的期待；③发挥优势；④从重要事项开始做并专注于它；⑤做出有效的决策。请务必养成这五个习惯。

获取成果的五个习惯

① 系统地使用时间

首先要根据自己平时的时间使用方法，确认自己的时间都花在了什么事情上。其次还要避免浪费时间的工作方式，系统地管理自己的日程。

② 意识到周围人的期待

不要思考"自己想做的事"，而应该思考"如何做贡献"，要意识到周围人对自己的期待。

③ 发挥优势

比起克服自己的弱点，更要考虑如何发挥优势。相较于一个可有可无的人，拥有一样武器的人更加强大。

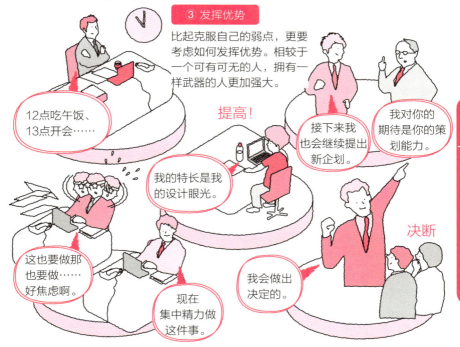

12点吃午饭、13点开会……

提高！

接下来我也会继续提出新企划。

我对你的期待是你的策划能力。

我的特长是我的设计眼光。

这也要做那也要做……好焦虑啊。

决断

现在集中精力做这件事。

我会做出决定的。

④ 从重要事项开始做并专注这件事

虽然也有人会同时进行多项工作，但能够取得成果的人会从重要事项开始并专注于它。

⑤ 做出有效的决策

在某些情况下，你必须做出对组织和业绩有重大影响的决定。这种时候所做的决策要能够帮助组织取得成果。

工作的真正价值在公司之外

企业的真正作用是在与外部世界的联系中发挥出来的。如果只考虑公司内部的事情，就看不到工作真正的成果。

在企业官网上发布的企业理念中，有时会写上这家公司的社会使命。此外，也有很多企业高层在谈论企业对社会的作用。德鲁克曾说过："组织的目的是为社会做出贡献。"只是作为一名员工，每天忙于公司的工作，很容易忘记这一点。

只考虑公司内部的事情，眼界会变狭窄

在组织中工作，人的兴趣和关注点往往会指向公司内部。如果不有意识地将目光投向公司外，眼界就会变狭窄。

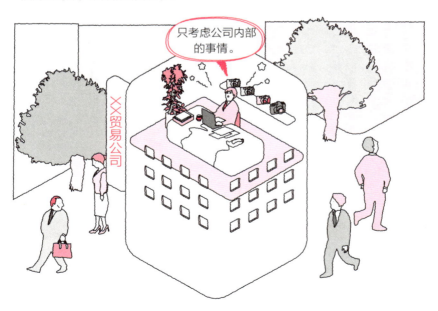

德鲁克说过："组织越成功、规模越大，管理者就越容易忽略该组织在社会上真正的工作和成果。"工作上真正的成果是在公司以外的世界中产生的。然而，公司员工首先会把自己的能力和兴趣倾注在公司内部的事情上，很容易忘记公司以外的世界。

工作的价值存在于公司以外的世界

因为公司存在于社会之中，所以只有对公司以外的世界做出贡献，才算是真正取得了成果。不要局限于公司内，如果不将目光投向公司外，则无法了解工作的真正价值。

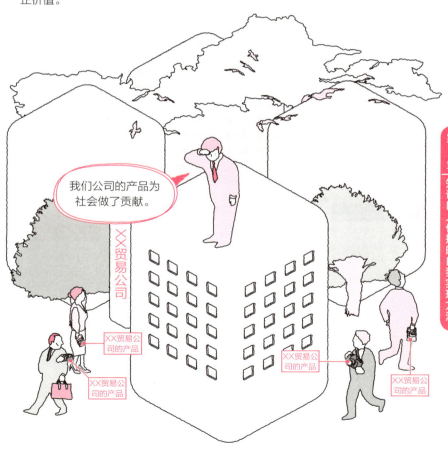

03 创造自我

德鲁克认为，活用自身优势，实践能够发挥优势的工作方法很重要。

"知识型员工"是德鲁克提出的一个概念，是指用自己的知识为企业和社会做贡献的员工。与知识型员工形成鲜明对比的是遵循工作手册工作的员工。德鲁克认为，独立思考的知识型员工才是能够自主决策并为组织做贡献的高管。

运用知识工作的知识型员工

知识型员工包括研发人员、高级技术人员、外科医生和管理者等。即使面对没有先例的事件，他们也能够用知识来应对。

德鲁克认为，想要作为一名知识型员工来开展工作，并成为高管，自己的想法和意愿很重要。我们必须认清自己的价值，管理好自己。要提升自我价值，关键在于把握好自己的工作方式和处境等，并在此基础上思考如何发挥自身优势。

把握自身优势、做好自我管理

提升成果的方法之一是做好自我管理。在管理自己的过程中，牢牢把握自身优势并使其充分发挥出来是很重要的。

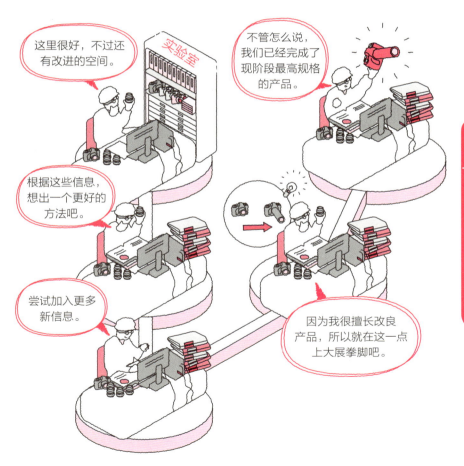

117

04 通过反馈分析来寻找自己的优势

德鲁克还对自己进行了反馈分析，这是一种找到自身优势的方法。

正如本书中反复介绍的那样，德鲁克非常重视发挥自身优势。"但是，我不知道自己的优势是什么"，有很多人会这样想吧。德鲁克推荐一种分析方法，即反馈分析，来作为了解自身优势的方法。进行反馈分析是自我管理的第一步。

回顾结果，分析自己的优势

德鲁克建议将反馈分析作为了解自身优势的方法。

反馈分析的第一步是设定具体的目标，如"在XX日后完成XX"等。定好的目标不要停留在脑海里，一定要写下来，通过书写的方式能够更具体地感受到目标。

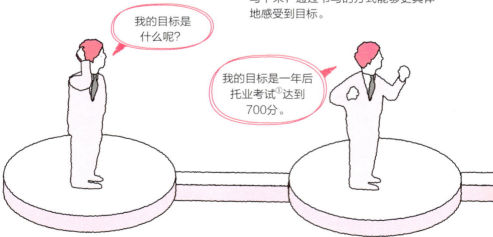

我的目标是什么呢？

我的目标是一年后托业考试①达到700分。

---

① 托业考试：即 TOEIC，国际交流英语考试。满分为 1000 分。——编者注

进行反馈分析的时候，首先要制定目标，如"一年取得XX资格"等，目标一定要写下来。到了规定的期限，分析实际完成情况，什么完成了，什么没有完成，原因是什么。通过以上分析，会发现以前自己都没有意识到的自身优势。

利用自身优势提高生产率

德鲁克断言："了解自身优势的方法只有一种，那就是反馈分析。"他在著作《专业人士的条件》中写道，自己已经坚持了50年的反馈分析。

德鲁克的话

我也进行了50年的反馈分析。

到了规定的期限，就需要回顾结果。反思"按计划完成了吗?""有问题吗?""有其他更好的方法吗?"等。在这个过程中，就能找到自己的优势，即自己擅长的是什么。

我做到了!

我很擅长每天孜孜不倦地学习。

05 教授他人是最好的学习

德鲁克说："教授他人是最好的学习。"传授他人知识与自身的成长息息相关。

在工作中积累了一定的经验后，传授后辈和下属等人工作方法的机会也会增加。教授他人，其实对施教者也有很大的好处。因为向他人传达工作所需知识的过程，也是自己重新梳理所学知识、回顾学习的过程。可以说，教授他人对自己而言也是宝贵的学习机会。

教授他人时自己也可以重新学习

教授他人的时候，可以再次确认自己掌握的知识和技术。另外，自己下意识去做的事情也需要用语言表达出来，这样就不会有含混不清的情况。通过教给别人东西，自己也可以重新学习。

120

实际上，德鲁克也说："在信息时代，任何组织都应该成为<mark>学习型组织</mark>，但与此同时也必须成为<mark>传授型组织</mark>。"通过工作获得的知识和技能不要一人独享，要在组织内共享。打造教学相长的文化有利于建立不断成长的组织。

建立教学相长的组织很重要

如果独占知识和技术的话，公司整体的成果就不会有提升。对组织而言，重要的是营造一种氛围，让大家能够互相传授知识和技术，以及共享组织独有的工作技巧。

为自己的价值观感到自豪

德鲁克说:"如果员工和组织的价值观不一致,则无法取得成果。"

进入一家企业后,随着工作经验的不断累积,人会逐渐形成自己的价值观。德鲁克说:"要在组织中取得成果,员工的价值观必须与所在组织的价值观一致。"也就是说,即使某个人拥有出类拔萃的能力,如果在与自己价值观不相符的公司工作,他也很难取得成果。

员工价值观与企业价值观的关系

德鲁克为自己的价值观感到自豪,他把自己的价值观放在首位。因此,他说:"员工的价值观和组织的价值观不能相违背。"员工和组织的价值观发生冲突是非常不幸的事情。

德鲁克说"必须吻合"，因此组织的价值观和自己的价值观要完全相同。话虽如此，自己的价值观和组织的价值观不同也是可能发生的问题。这种时候跳槽固然也是一种方法，但也要重视自己的想法，在组织中寻找能够展现自己价值观的地方。

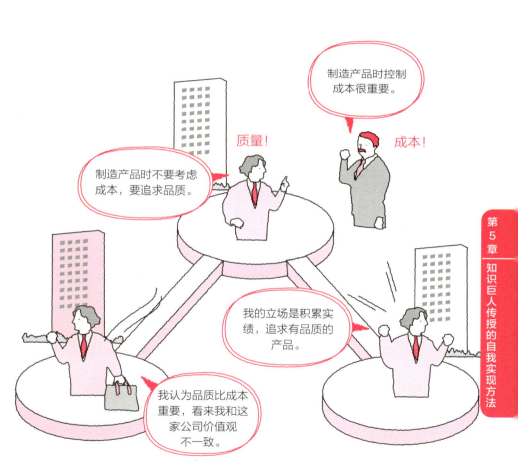

07 只有在与自己价值观一致的 地方才能发挥真正的实力

德鲁克说："要想在工作中取得成果，应该寻找一个和自己价值观一致的地方。"

俗话说得好，"把合适的人放在合适的地方"，每个人能够施展才能的领域都不一样。德鲁克也说过："知道自己应该在哪里，人才能表现出杰出的工作能力。"我们应该寻找能够发挥自己优势的、和自己价值观一致的地方。只有在这样的地方，人才能发挥出真正的实力，创造出成果。

价值观因人而异

虽说如此，但如果因为价值观不合，刚进公司就辞职也为时过早。因为可能和自己价值观相符的地方不在公司组织外，而是在组织内。组织中有各种各样的角色和团队，我们可以通过职位的调动找到跟自己价值观契合的地方，取得突出的成果。

价值观一致的地方可能在组织内部

能够让自己发挥真正实力的、和自己价值观一致的地方，可能在公司内部，也可能在公司外部。最重要的是找到那个地方。

08 做出有效决策的五个步骤

德鲁克说："做出一项决策有五个理想步骤。"

　　商业现场每天都在不停做决策。要提升自己，就要做出合理的决策。但是，做决策不是对某项议题做出"是"或"否"的判断，而是必须将其放到实际工作层面。因此，了解德鲁克提出的做决策的五个步骤，可以帮助我们做出更准确的判断。

五步做出正确的决策

这五个步骤是：①正确把握所面临的问题类型；②确定解决问题的必要条件；③在决策时思考"什么是正确的"；④将决策内容付诸实践；⑤验证所做决策是否有错误。如果出现问题，请回到第一步。

步骤①

确定所面对的问题属于哪种类型。明确它是在任何人身上、任何地方都会发生的一般性问题还是罕见的特殊问题。

步骤②

确定解决问题的必要条件。弄清楚解决该问题至少需要满足哪些条件。

在此要思考的是这次面临的问题中"什么是正确的"。虽然很多情况下不得不做出妥协，但如果不弄清楚什么是正确的，就有可能在错误的方向上妥协。为避免出现上述情况，一定要事先了解"什么是正确的"。

将做出的决策付诸实践。要好好思考一下需要什么样的行动，需要由谁来行动。另外，还要将决策内容告知需要了解它的人。

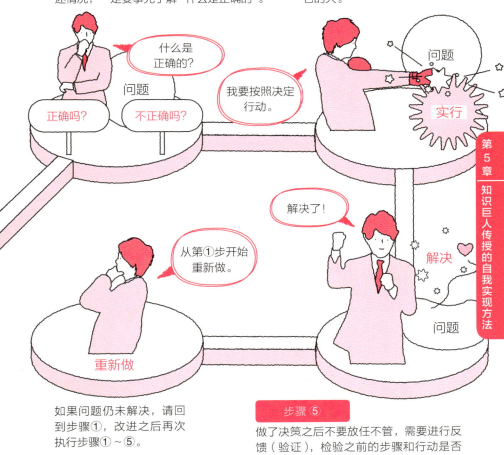

第 5 章 | 知识巨人传授的自我实现方法

如果问题仍未解决，请回到步骤①，改进之后再次执行步骤①～⑤。

做了决策之后不要放任不管，需要进行反馈（验证），检验之前的步骤和行动是否有错误。

09

在工作之外找到自己的位置也很重要

德鲁克认为，在本职工作之外找到自己的立足之地，对自己的本职工作也大有裨益。

"不顾个人生活，全身心投入工作"这样的态度被当作美德称颂，恐怕是日本昭和时代以前的事吧。实际上，现代社会重视个人生活的人越来越多。德鲁克也建议人们在工作之外拥有充实的个人生活。德鲁克曾说："在逆境中，第二人生和第二工作意义重大，它们超越了单纯的兴趣爱好。"

公司的评价不能代表一切

如果只在公司等工作场合才有自己的位置和人际关系，那么在工作中遇到挫折和瓶颈时，就会陷入无处可逃的状态。

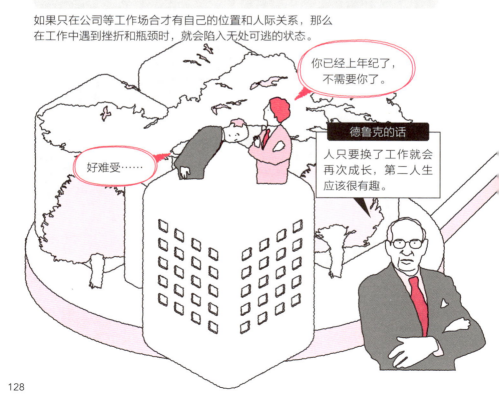

你已经上年纪了，不需要你了。

好难受……

德鲁克的话

人只要换了工作就会再次成长，第二人生应该很有趣。

在拥有本职工作的同时，通过第二人生和第二工作，在公司之外也能拥有自己的位置。这样一来，内心会变得更从容，视野也会更开阔。即使在本职工作中遇到瓶颈或挫折，只要在本职工作以外的活动中感受到被人需要的喜悦，就能获得重新回到本职工作的自信。

第二人生、第二工作能拯救自己

为了学习而去学校、参加志愿者活动、从事与本职工作不同的工作等，有了"第二人生""第二工作"，自己在这个社会上就会拥有更多的立足之地。如果能在这样的地方感受到被他人需要的喜悦，就能对自己的本职工作产生自信。

你不知道的德鲁克 ⑤

对日本画着迷，
毕生收藏日本画

德鲁克热衷于收藏日本画。

德鲁克接触日本画是在他20岁左右，在伦敦的银行工作的时候。当时他为了避雨偶然进入了画廊，那里正在举办日本画展。以此为契机，德鲁克迷上了日本画，一生都在学习日本画。

德鲁克喜欢的不是色彩鲜艳的浮世绘，而是水墨画、禅画、文人画，每次来日本，他都会去观赏日本画。而且，他还发表了通过日本美术论述日本特质的文章，并在大学开设了有关日本画的课程，甚至还用自己收藏的画作举办了日本画展。

德鲁克说："日本画家看的不是空间，而是先看线条，这就是日本的审美意识。"德鲁克认为日本画独特的审美意识与自己的经营哲学有相通之处。

关键词解说 5

☑ **关键词**

高管

　　高管是指在工作中自主决策并对该决策负责的人。它不仅指公司董事和高级管理者，还包括全体知识型员工。德鲁克说，承担目标、基准、贡献等职责的知识型员工，都是高管。

☑ **关键词**

获取成果需要的五个习惯

　　德鲁克说，获取成果需要以下五个习惯：①系统地使用时间；②意识到周围人的期待；③发挥优势；④从重要事项开始做并专注于它；⑤做出有效的决策。

☑ **关键词**

知识型员工

　　知识型员工是指在遵循组织目标的同时，利用自己的知识为组织做贡献的人。它不仅包括专家和研究人员，也包括管理者。对这类员工的评价不是根据工作量和成本，而是根据贡献度来进行的。

☑ **关键词**

反馈分析

　　反馈分析是客观评价自己的有效手段。德鲁克说，要为工作制定具体的目标，到了规定期限再来对照分析这项工作是否完成，以此明确自己的优势和弱项。

向德鲁克学习企业战略

　　世界上有很多企业，为了赢利它们都采取了什么战略呢？德鲁克研究了
各种企业的战略，并将它们形成了体系。本章就将为大家介绍现代商务人士
应该知道的让企业持续生存的竞争战略。

01 瞄准行业龙头的全力战略

德鲁克说："市场方法有四种战略。"其中最具赌博性的是全力战略。

所谓**全力战略**，就是从一开始就瞄准市场顶端的战略。这种战略下企业集中全部力量开发新产品，通过大规模宣传来占领市场，一旦成功就可以成为业界的代表企业，因此全力战略一般也被称为"最棒的企业家战略"。不过，要想保住地位并不容易，因为一定会出现想要取而代之的挑战者。

瞄准行业龙头

很多情况下，之所以从第一名的位置上掉下来，是因为沉迷于"取得了第一名"的成功体验。要保住位置，必须放下成功的光环，对工作进行彻底分析和思考。而且，如果不在创新工作流程的同时，有计划地降低产品价格，就很难持续保持行业领先地位。

要保持领先地位就要放下成功的光环

以前做的事情今后未必也能行得通。即使站在最顶端也不要沉迷于成功体验，持续不懈地努力非常重要。

我们要不断创新。

太沉醉了……

成功体验

德鲁克的话

全力战略应该只用于重大机遇。

02 设法模仿其他公司成功经验的创造性模仿战略

创造性模仿战略针对敌人的弱点发动攻击，因此也被德鲁克称为"游击战略"。

很少有新产品在刚上市时就好评如潮，因此很多产品在上市初期还有很大的进步空间。对这样的新产品进行改善，使之超过原来的产品，这被德鲁克称为"创造性模仿战略"。在模仿这一点上它和柔道战略相同，但创造性模仿战略的不同之处在于它是在其他公司的成功业务上下功夫，打造具有竞争优势的业务。

其他公司的产品是改善的宝库

新产品发布

董事长，这是A公司正在热销的新产品。

太好了，我们要做出比这个更好的东西。

速度是关键。

德鲁克的话

创造性模仿不是从产品出发而是从市场出发，不是从生产者出发而是从客户出发。

有很多研发型企业"有技术但不能将其产品化""即使可以产品化也没有能力销售"。没有创造力但对改善能力有自信的企业，或者善于响应客户需求的企业，都适合创造性模仿战略。通过市场观察、网络搜索、律师佣金和一点创意，这种战略能就取得事半功倍的效果。

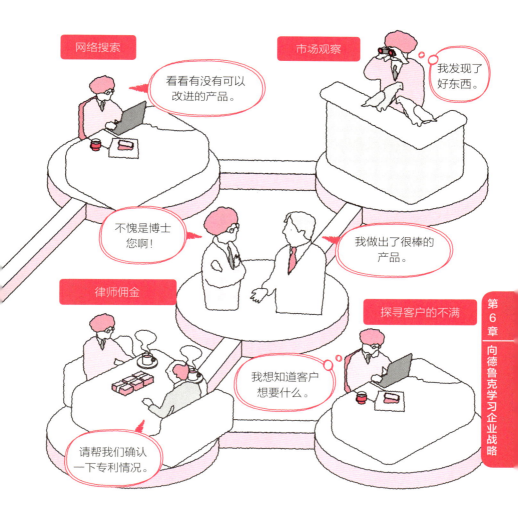

03 利用其他公司失败之处的柔道战略

如果说模仿其他公司成功经验的战略是创造性模仿战略，那么利用其他公司失败之处的战略则是柔道战略。

石英手表是由瑞士发明的，晶体管是由美国贝尔实验室发明的。然而，石英手表和晶体管都被认为太超前而被搁置。精工和索尼抓住了这一点。这两家公司利用其他公司的力量，在世界钟表行业和便携式收音机领域占据了领先地位。

模仿其他公司失败或搁置的服务和产品

在复印机行业，施乐复印机公司（ZEROX）的产品席卷了全球复印机市场，同时该公司还在不断进行产品研发，瞄准更高性能、更多功能、更高价格的产品市场。然而，与不断扩大的复印机市场形成对比的是，低性能、功能单一、低价格的产品市场却越来越小。佳能等日本企业抓住了这一机会。他们在几乎没有竞争的情况下获得了其他公司开拓的市场，这种做法被认为是柔道战略的一种。

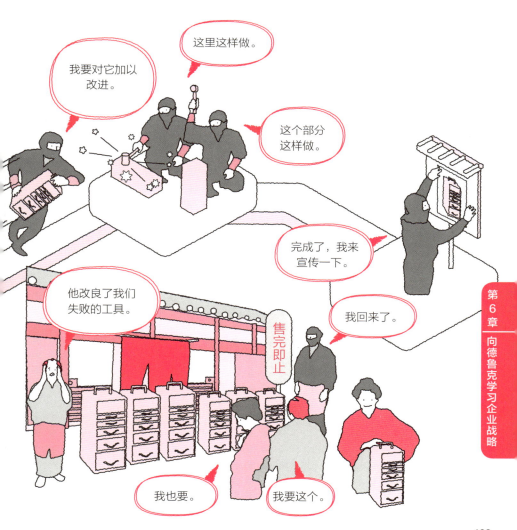

04 创造非竞争局面的生态利基战略

德鲁克所说的利基战略是生态利基战略，它是一种避开竞争，模仿动植物如何在适合的地方生存的方法。

相对于追求效率的大企业，中小企业能够发挥优势的是效益优先的相对较小的市场。效率和效益的区别究竟是什么呢？比如，超市卖的鸡蛋一盒200~300日元。大部分客户都希望以便宜的价格购买鸡蛋，但也有客户愿意以哪怕1000日元一盒的价格购买更美味的鸡蛋。

避开竞争，在合适的地方生存的利基战略

就像只吃桉树叶的考拉一样，避开竞争，在适合的地方生存，这就是利基战略。

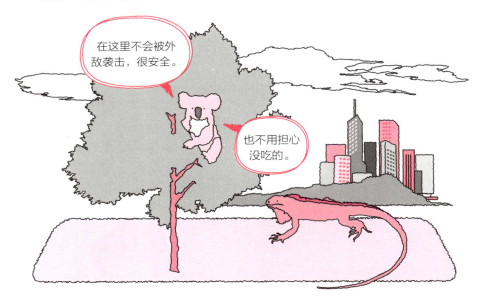

追随其他公司进入激烈的市场，如果不能取得市场份额，只会疲惫不堪。即使中小企业追随大企业，但在经济规模上也和对方有明显的差距，在竞争中没有胜算。因此，像刚才提到的鸡蛋的例子一样，采取和大公司非竞争的战略，就是德鲁克所说的利基战略。可以说它是和全力战略模式相反的战略，也是对中小企业而言最好的战略。

比起效率更追求效益

"效益重于效率"是利基战略的关键点。

05

以特定市场的经验技术为武器的专业市场战略

德鲁克指出，在以专业知识为卖点的专业市场战略中，重要的是"确定业务领域"。

"专业市场战略"是利基战略之一，其特征是成为熟悉目标市场的专家，以应对特定市场的经验技术为武器。专业市场策略下重要的不是了解特定的"什么"，而是详细了解整个市场。因为是市场专家，所以优势是可以向客户企业提供咨询，而非一般的信息。

成为对象市场的专家

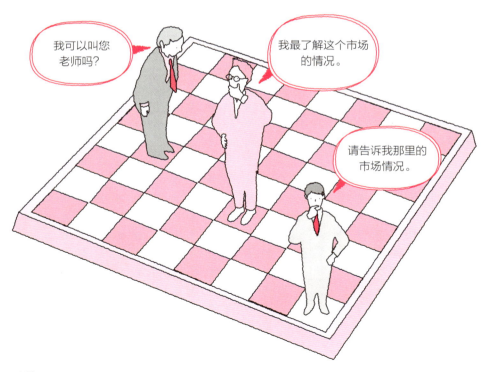

另外，因为是专家，所以当特定市场出现变化的时候，能够分析讨论"要如何应对"，并提供需要的产品、服务和制度等。这里最重要的是，以什么为专业市场。知识可以通过经验和系统的学习来掌握，但如果不确定"市场（业务领域）"，学习的对象就会越来越广。

确定业务领域

专业市场战略需要的是既窄又深的知识。

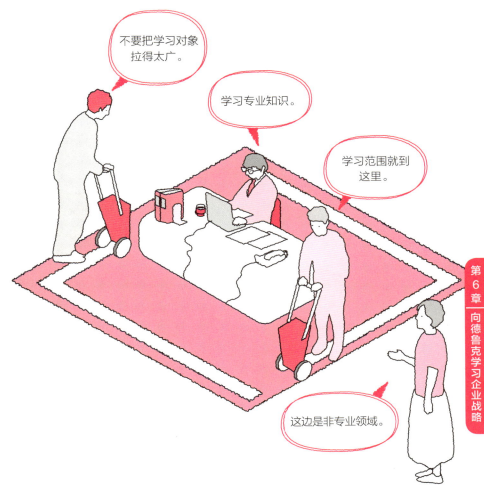

不要把学习对象拉得太广。

学习专业知识。

学习范围就到这里。

这边是非专业领域。

06

以客户价值为基准的价值创造战略

德鲁克指出，以客户价值为基准的销售方式也是重要战略之一。

"价值创造战略"指的不是卖东西，而是将购买该产品能够获得的效用转化为商品进行销售。也就是说，要从客户的角度重新看待实体商品。例如，如果将批发业定义为"零售店的采购代理业"，就很难获得20%以上的毛利。但是，如果把它定义为"畅销商品的企划提案业"，就可以以更高的价格进行销售。

创造价值的企业

如果能够提供价值而不是商品，也许能获得更高的利润率。

具体来说，如果单纯作为一种调味料，醋的价格只有几百日元，但"保健醋"动辄卖到几千日元。主要成分差不多，为什么价格相差如此之大呢？这是因为醋的价值从"调味料"变成了"保健食品"。因为卖的不是"醋"而是"健康"，所以喝了之后精神好了的客户就会成为回头客，通过口碑来传播产品。

符合客户价值的销售方法

07

改变价格含义的价格战略

生产者在不改变客户入手产品金额的情况下减轻客户的负担，这就是德鲁克所说的价格战略。

德鲁克以复印服务为例对价格战略进行了说明。现在，几乎所有的办公室都会放一台复印机，而创造这种场景的正是复印机生产商施乐复印机公司。施乐没有采取销售复印机的方式来推广复印机，他们提供的是"复印服务"。

改变价格含义的复印机

复印机本身十分昂贵，但如果出售每次复印的服务，就可以设定一个便宜的价格。施乐复印机公司通过将复印一张纸的服务以5美分的价格出售，把复印机推广到了办公室。换言之，它带来了从产品到服务的革新。另外，对购买该服务的对象而言，如果复印一张纸只要5美分的话，这个费用完全可以承受得起，这也是重点。

改变价格含义的复印机

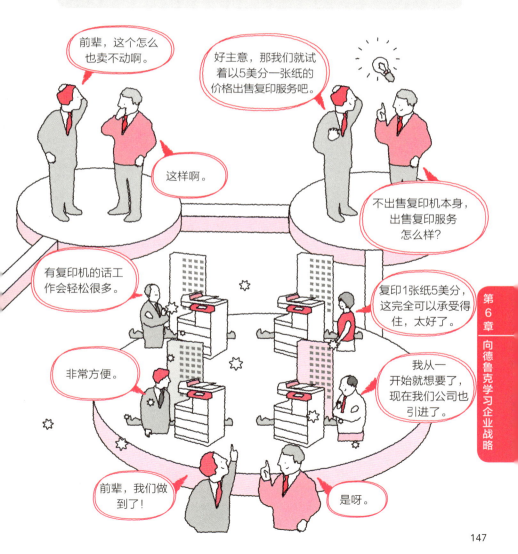

08

以客户情况为战略的情况战略

德鲁克认为了解客户购买产品的情况很重要，他主张"要优先考虑客户"。

德鲁克将为客户提供解决困扰的产品或服务的战略称为情况战略。例如，客户表明"我想要一颗螺丝钉"。虽然买100颗的话单价会更便宜，但其他99颗就会浪费。对于客户这样的困扰，应对方法就是"我们可以接受单个订单"。比起浪费99颗螺丝钉，宁愿花费更高的单价购买1颗螺丝钉，这就是客户的需求。

了解客户为何困扰

还有一家模具制造商24小时接受订单，根据交货期的不同，费用也不同。此外还有特快、超特快服务，该企业建立了能够满足客户"想尽快购买"需求的系统。情况战略中重要的是优先考虑效果而不是效率，并且100%为客户提供便利。

其他公司做不到的事情就是机会

通过为客户提供便利，有时也会创造出新的市场。

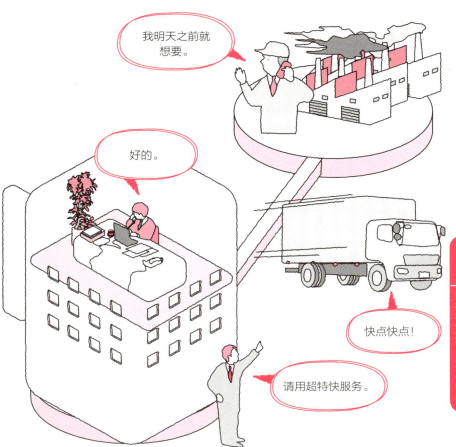

专栏 6

你不知道的德鲁克 ⑥

相伴 60 余年的
爱妻多丽丝

正如德鲁克所说："人生最大的幸福是和她（妻子多丽丝）相遇。"他非常爱他的妻子。德鲁克和多丽丝初识于德国的大学，之后二人在英国重逢。

当时德鲁克在地铁站长长的扶梯上上行，多丽丝在下行，两个人擦肩而过的时候注意到了彼此。这是一次难忘的邂逅。多丽丝在大学学习法律、经济和物理学，之后在英国伦敦做了一名市场调查员，再后来她成立了一家市场调查公司。

重逢两年后，在德鲁克27岁时两人结婚并移居美国。去美国的旅行是他们的新婚旅行。

多丽丝在和德鲁克结婚后，一边养育4个孩子，一边在大型出版社担任科学杂志编辑和专利顾问。两人携手走过了60余年。1996年，多丽丝将自己发明的产品商品化并参与经营。多丽丝于2014年去世，享年103岁。

关键词解说 6

☑ 关键词

全力战略

创造新的产业、市场或者新的体系，从一开始就以占领市场为目标的战略。同时它也是一种只要成功就能取得巨大成果，但绝对不允许任何失败的战略。虽然全力战略被称为最棒的企业家战略，但德鲁克并不推荐。

☑ 关键词

创造性模仿战略

模仿他人已经做过的事情，加以改良创造出更好的产品，以支配市场为目标的战略。因为市场已经形成，所以通过市场调查很容易抓住客户的需求。因此，可以说创造性模仿战略是风险较小的战略。

☑ 关键词

利基战略

一般是指瞄准商机（Niche）的战略，但德鲁克所说的利基战略，是指模仿动植物避开竞争，在适合的地方生存这种生存之道的生态利基战略。如果瞄准小市场，大企业就不会介入，就能开展有利可图的业务。

☑ 关键词

价值创造战略

重新审视产品的意义，创造新的价值，赢得市场和客户的战略。例如，作为食材的蚬100克才几百日元，但如果作为对肝脏有益的健康食品，就能创造出无法用克等质量单位来计量的价值。

☑ 关键词

情况战略

作为供给者的企业，根据客户的情况为其提供产品和服务，赢得市场和客户的战略。一个很好的例子是24小时便利店，它满足了消费者"无论深夜还是清晨，随时都想购物"的生活需求。

13410200
56400390
30098000...

催生创新的方法

　　再好的产品或服务，一旦出现比它更好的东西，这个产品或服务就会立刻过时。为此，持续的改进和创新不可或缺。如何催生创新呢？德鲁克也告诉了我们这个问题的答案。

01 利用意外的成功

德鲁克指出，创新中最简单，也是最接近成功的是"意外的成功"。

意外的成功来得很突然。实际上，在董事会上以"这种东西卖不出去"为由被否定的产品却意外爆红，这种情况在商业世界中并不罕见。只是，花不是突然开的，开花之前一定会有一些征兆。创造意外的成功，就像是在寻找待放的花蕾。

也有意外成功的时候

虽然公司做出了"卖不出去"的判断，但市场对产品却非常认可。大金工业的美肌（UruruSarara）空调就是意外成功的一个典型案例。

如果让意外的成功就此结束，人和企业就无法继续成长。德鲁克认为，重要的是"创建一个能够发现意外成功的机制"。意外的成功也是经营环境变化的征兆，企业需要分析具体是什么征兆。德鲁克还说，意外的成功也意味着需求的变化，即新需求的出现。

出乎意料地顺利进展之时就是机会

02

利用意外的失败

除了"意外的成功"，德鲁克认为"意外的失败"也是创新的机会之一。

"意外的失败"指的是业绩不佳、成本增加、客户投诉等意料之外的失败。精心策划、开发并销售产品，最后却失败了。这里面蕴含着来自市场的重要讯息。也就是说，企业误判了市场的需求。此时，如果抱着"只要改变做法就能顺利"的想法就会陷入泥沼。

意外的失败是来自市场的讯息

"市场需要这个"的判断是错误的。

味道和食材都是最好的，为什么卖不出去呢？

因为我们厌倦了法国料理。

德鲁克认为，当出现意想不到的失败时，必须将其视为创造新价值（创新）的征兆。这时最重要的是抱着"市场需求发生了变化"的谦虚态度修正轨道。市场刚开始发生变化时，并不会体现在数据和消费者行为上。去变化发生的一线，观察现场、仔细倾听很有必要。

市场变化要在现场学习

不去一线就无法了解市场的变化。另外，即使失败了也不要气馁，要保持修正轨道的谦虚心态，这点很重要。

重新调查。

进行走访

变化是在一线发生的。

前往一线

第 7 章 催生创新的方法

03 质疑常识和信念

德鲁克认为，与"意外的成功和失败"一样，"四个不协调"也是容易实现创新的切入点。

如果业绩不错，企业发展却停滞不前，则很可能出现了德鲁克所说的"不协调（偏差）"。它是市场的实际情况与企业做法之间的分歧，也是理想的业务状态与实际业务状态之间的分歧。偏差的类型分为"需求与业绩""现实与企业对现实的认识""企业与消费者的价值观""流程"四种，它们被统称为四个不协调。

停滞不前 = 四个不协调

"需求与业绩"
尽管行业在进步，我们的业务却没有进步。

呀！越来越跑偏了！

"现实与企业对现实的认识"
误判现实，影响了业绩。

"企业与消费者的价值观"
企业的想法与消费者的诉求不一致。

"流程"
原本的工作流程就有问题。

行业在进步，自己公司的业绩却没有进步，这就是"需求与业绩"之间的偏差。此时有必要确认销售时机、销售对象、销售方法是否有误。"现实与企业对现实的认识"之间的偏差是指误判了现实，把努力用在了错误的方向上。有时候行业的常识和信念会阻碍商机，首先质疑常识，讨论可改进之处吧。

改进 = 质疑常识和信念

虽然当时进展顺利，但前提条件有时会发生变化。

在我们的时代，这样做就成功了。

这是一种信念。

真的是这样吗？

德鲁克的话

不协调是创新的机会。

第 7 章 催生创新的方法

159

04 消除傲慢和武断

正如德鲁克所说："价值观偏差的背后，一定是傲慢和僵化。"
对消费者的错误认知是大忌。

企业和消费者之间出现"<u>价值观不协调</u>"，是因为企业认为"消费者应该是这样想的"。<u>无论企业向市场投入多少产品，只要和消费者的价值观发生偏差，则无法获得利润</u>。例如，如果"手机性能越高越好"的观念根深蒂固，则无法察觉不擅长使用电子产品的人的价值观，他们认为"手机只要能打电话就好了"。

企业与消费者的价值观偏差

产品多功能、高性能不一定就卖得好，也需要符合消费者的价值观。

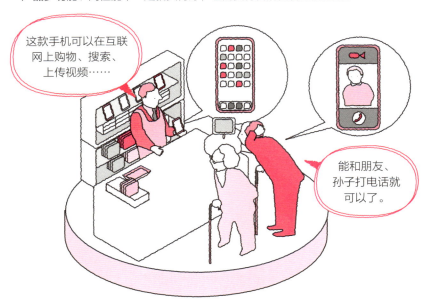

另外，还有"流程不协调"，虽然企业提供的产品和服务并不差，但工作流程不佳，也会导致业绩无法增长。这种情况有可能是销售方法不对，没有将产品送到真正需要的人手中。也就是产品的传播方式、提供方式存在问题。这时只需要修改流程就可以实现创新。

流程不佳导致业绩无法增长

明明有市场需求产品却卖不出去，可能是销售方法出了问题。此时请试着质疑一下是否出现了流程不协调的情况。

第7章 催生创新的方法

05 发现三种需求

德鲁克指出："需求必须具体。"发现需求与否关系着企业的创新。

意识到"没有被满足的地方"和"欠缺的地方"是创新的契机。需求是对尚未存在的东西的需要，因为没有显现出来，所以很难发现，与改进业务相关的需求更是如此。德鲁克列举了可以催生创新的**三种需求**：①流程需求；②劳动力需求；③知识需求。

没有的东西，也就是需要的东西

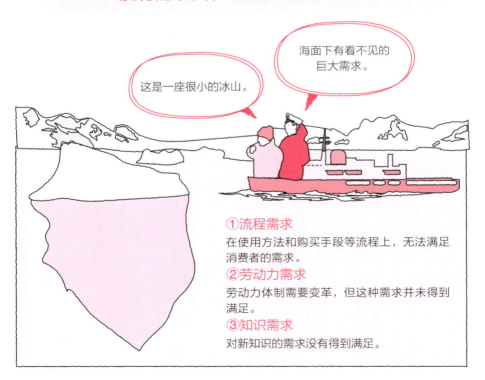

这是一座很小的冰山。

海面下有看不见的巨大需求。

①流程需求
在使用方法和购买手段等流程上，无法满足消费者的需求。

②劳动力需求
劳动力体制需要变革，但这种需求并未得到满足。

③知识需求
对新知识的需求没有得到满足。

①流程需求的状态是指看似没有问题，但在使用方法和购买手段等流程上，未能满足消费者潜在需求的状态。②劳动力需求是指通过变革劳动力体制，消除与市场之间的偏差，满足需求。③知识需求是指需要新知识，但知识欠缺，无法满足该需求的状态。

修正轨道以满足需求

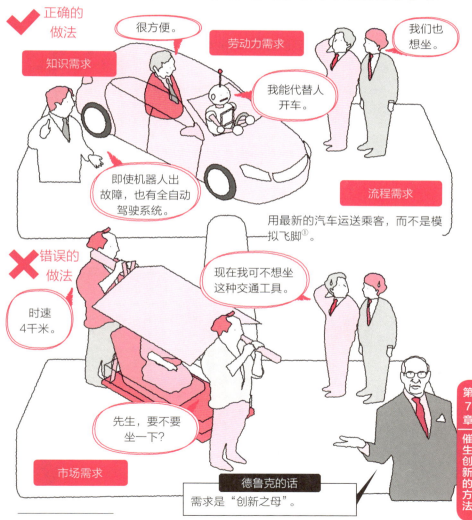

正确的做法

很方便。

劳动力需求

我们也想坐。

知识需求

我能代替人开车。

即使机器人出故障，也有全自动驾驶系统。

流程需求

用最新的汽车运送乘客，而不是模拟飞脚①。

错误的做法

现在我可不想坐这种交通工具。

时速4千米。

先生，要不要坐一下？

市场需求

德鲁克的话
需求是"创新之母"。

① 飞脚：日本旧时将信件、金钱或小货物等送到远方的运输工。——译者注

06 催生创新的五大着眼点

德鲁克提出的五大着眼点让我们意识到，改进工作中生产效率低下的部分会带来创新。

流程需求有时候只需要改变做法就能满足。德鲁克认为，将需求与创新联系起来，有以下五大着眼点：①有一个完整的流程；②有一处问题或者缺失；③变革目标明确；④明确实现目标所需的条件；⑤"应该有更好的方法"意识已经渗透到社会。

只要改变做法就能成功

最大的问题在哪？

别忘了五大着眼点。

五大着眼点
①流程本身是否正确？　　②是否有问题和缺失？
③变革目的是否明确？　　④实现目标所需的条件是否明确？
⑤社会上是否有"应该有更好的方法"意识？

通过响应流程需求来开拓新市场的一个优秀案例，就是可以深夜收货的清洗公司。对于单身的上班族来说，平时白天没有时间去洗衣店，所以几乎没有去过。但是，清洗公司通过深夜也可以收货这一流程改善，成功抓住了单身上班族这一潜在需求。

通过五大着眼点寻找问题点

07 不要错过改变的时机

产业结构是随时可以变化的。德鲁克也说过："结构变化给外面的人提供了机会。"

即使是稳定的行业，产业结构也会发生重大变化。因为网络音乐上传服务而大受打击的CD销售行业就是一个例子。德鲁克认为，产业结构的变化主要发生在以下三种情况下：①某个产业迅速发展，产业规模翻倍时；②多项技术结合在一起时；③工作方式发生巨大变化时。

产业结构会轻易崩溃

随着网络音乐上传服务的发展，CD销售受到重创。

音乐上传服务兴起

多项技术结合在一起
+
产业迅速发展

对于在某个行业里工作多年的人来说，看似是很稳定的，但产业和市场并不总是一成不变的。就像前面提到的音乐行业一样，如果产业结构的变化带来了新的需求，那么最早抓住这种需求的企业就会胜出。也就是说，只要不错过产业结构变化的时机，就能够抓住机会。

产业结构的变化＝商机

如果能够敏感地感受到产业结构的变化，就有可能抓住巨大的商机。

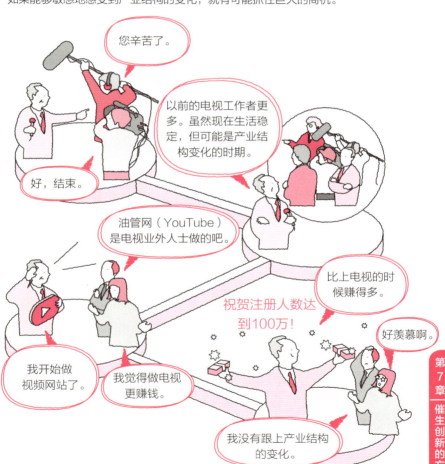

167

08 年龄结构的变化是创新的好机会

正如德鲁克所说："人口结构的变化中，年龄结构的变化非常重要。"人口结构的变化是创新的绝佳机会。

市场外部的变化有时也会成为创新的机会，这种情况往往是因为需求本身发生了变化。德鲁克列举了外部环境出现的三种变化：①人口结构的变化；②社会对事物认知的变化；③新知识的出现。其中，①不仅指人口的增减，还包括年龄和性别的构成、聘用情况、教育水平和收入阶层的变化等。

年龄结构的变化是商机

随着人口结构的变化，"社会最需要什么"也会发生变化。而且人口结构的变化很容易预测，我们可以预判它会发生在什么时候。人口结构中，尤其要关注年龄结构的变化。发达国家的少子化和老龄化问题日益严重，如果能提前做好聘用老年人、生产部门机械化（机器人化及物联网化）等准备，就可以在其他公司疲于应付的时候抢占市场份额。

探索社会需要什么

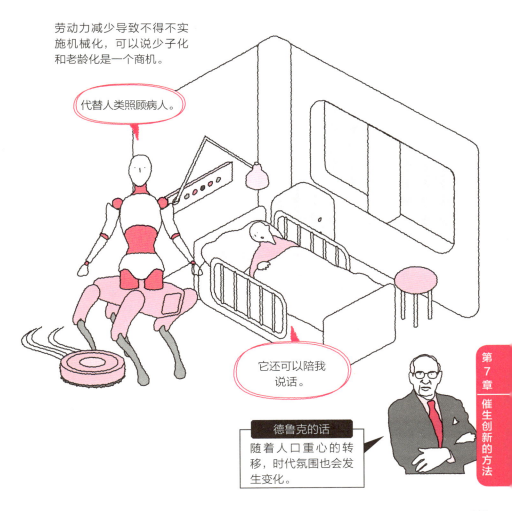

劳动力减少导致不得不实施机械化，可以说少子化和老龄化是一个商机。

代替人类照顾病人。

它还可以陪我说话。

德鲁克的话
随着人口重心的转移，时代氛围也会发生变化。

09 观点改变，需求也会改变

人们对世界的认知（观点）发生改变的时候，也是催生创新的绝佳机会。

把杯子里装了一半的水看作"有一半"还是"只有一半"，意义大不相同。德鲁克说，当人们对世界的认知从"有一半水"到"只有一半水"的时候，就会出现创新的机会。过去，日本人认为"水和安全是免费的"，但现在越来越多的人愿意花钱买东西，矿泉水市场应运而生。

"只有一半"的想法会创造机会

注意到认知的变化会带来商机。

杯子一半是空的，里面还可以装水。

杯子里的水"有一半"还是"只有一半"？

认知的变化意味着新需求的诞生。但这种认知的改变可能是暂时的，也可能是局部的。挖掘这些需求的商业活动会产生什么样的结果，这几乎是无法预测的。要将认知的变化与创新联系在一起，最重要的是在做好失败准备的同时，快速、小规模地、在限定范围内开展业务。

快速开展业务

商业活动中时机很重要。要有挑战的勇气。

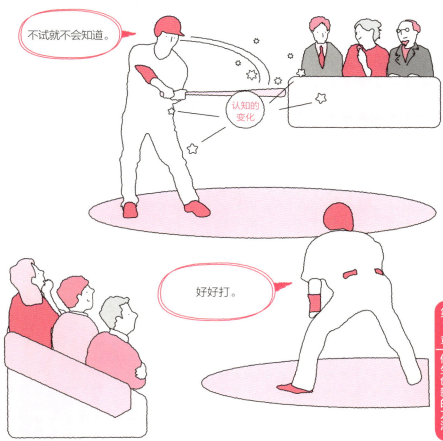

用新知识实现创新

德鲁克说："要想通过知识来实现创新，最重要的是管理。"

从<mark>新知识</mark>中产生的创新，如通过科技开发新产品等，最接近创新的理念。不过，德鲁克指出，要通过知识实现创新，以下三个条件不可或缺：①缜密的分析；②战略性的市场投入；③经营者把控方向。

需要大量时间、金钱和人才

基于新知识的创新不是一朝一夕就能完成的。比如新型冠状病毒的疫苗研发需要时间，竞争的制药公司也有很多。而且，经营者还面临着各种难以掌控的局面，如研发资金和人才不足等。虽然基于新知识的创新被认为是创新的常规内容，但实际上最难实现的创新就是这种类型。

创新并非易事

11 创新不能只靠创意产生

创意是把双刃剑。"没有成功和失败之分",德鲁克对此敲响了警钟。

创新往往来源于优秀的创意。如果能以此开创业务的话,产生的利益不可估量。然而,对于基于创意的创新,企业并不能实现系统化操作。德鲁克也指出,以创意为源泉进行产品研发,成功率很低,能收回研发费用等投资的概率也微乎其微。

光靠创意是很危险的

依靠创意研发新产品,成功的概率很低。但是,如果没有创意,事业就无法持续下去。

创意是直觉性的东西，任何事业都有从灵光一现中获得成功的可能性。例如，衣服上的拉链诞生于纽扣之后。尽管衣服有纽扣就足够了，但拉链还是诞生了。这个创意是一个绝妙的灵感，学不来也教不会。因此，我们不能轻视创意。

很棒的创意

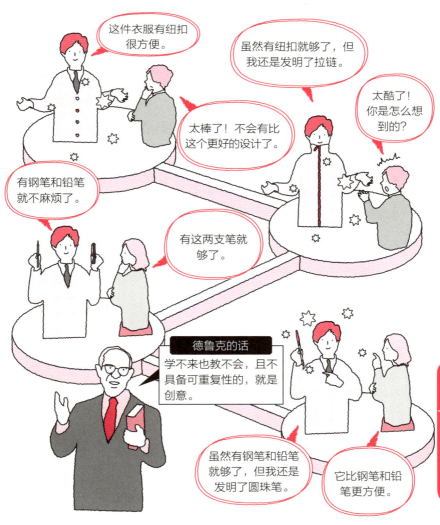

你不知道的德鲁克 ⑦

他还是一位以教书为乐的、生活丰富多彩的作家

　　德鲁克从小就喜欢阅读和写作，他非常优秀，甚至跳级提早一年读完小学。

　　德鲁克学会了德语、英语、法语和西班牙语，并乐于教授他人。他认为比起被别人教，教别人能够学到更多东西。

　　德鲁克以不断学习进步为目标，他每两三年就会寻找一个新的课题，然后踏踏实实地花时间认真学习。

　　德鲁克留下了数不清的著作。他30岁出版了处女作《经济人的末日》，自那之后，他不仅出版了管理和经济方面的书，还出版了历史、文学、美术等方面的书，并于1982年出版了自己的第一本小说《最后可能出现的世界》（*The Last of All Possible Worlds*）。

　　回顾过去的生活，德鲁克说自己是"最幸福的男人"。

关键词解说 7

☑ **关键词**

意外的成功

出乎意料的成功。德鲁克说，所有催生创新的途径中，最简单，也是最接近成功的一种，就是"意外的成功"。不过，意外的成功意味着需求产生了变化，出现了新的需求。如果疏于分析，固执于一种做法，就无法获得下一次成功。

☑ **关键词**

意外的失败

出乎意料的失败。意外的失败有时会导致客户的认知和价值观发生改变。德鲁克还说，意外失败是机会，也是创新的征兆。

☑ **关键词**

五大着眼点

将需求转化为创新的五大着眼点。分别是：①有一个完整的流程；②有一处问题或者缺失；③变革目标明确；④明确实现目标所需的条件；⑤"应该有更好的方法"的社会认知。

☑ **关键词**

年龄结构的变化

年龄结构的变化是让创新成为可能所需要的变化之一。在少子化和老龄化加剧的日本，这种年龄结构的变化催生了各种各样的创新。照顾老人的机器人、建筑物无障碍化、面向老年人的外卖配送服务等就是很好的例子。

●主要参考文献

『明日を支配するもの』

『イノベーションと企業家精神』

『経営者の条件』

『現代の経営 上・下』

『創造する経営者』

『ネクスト・ソサエティ』

『マネジメント 課題、責任、実践（上・中・下）』
（以上すべて P.F. ドラッカー 著、上田惇生 訳、ダイヤモンド社）

『図解で学ぶ　ドラッカー入門』
（藤屋伸二 著、日本能率協会マネジメントセンター）

『図解で学ぶ　ドラッカー戦略』
（藤屋伸二 著、日本能率協会マネジメントセンター）

『まんがと図解でわかる　ドラッカーリーダーシップ論』
（藤屋伸二 監修、宝島社）

『別冊宝島 1710 号　まんがと図解でわかる　ドラッカー』
（藤屋伸二 監修、宝島社）

『図解　やるべきことがよくわかる　ドラッカー式マネジメント入門』
（竹石健 編著、イースト・プレス）

『1時間でわかる　図解ドラッカー入門　「マネジメント」があなたの働き方を変える！』
（森岡謙仁 著、KADOKAWA）

德鲁克年表

年份	事件
1909年	11月19日生于奥地利维也纳
1914年	就读黑森林（Schwarzwald）小学
1918年	转学到私立小学。受到毕生恩师艾尔莎老师的教导
1927年	就职于德国汉堡的一家贸易公司，同时，考入汉堡大学法学院
1929年	在法兰克福的美资银行担任证券分析师。进入法兰克福大学法学院。世界经济危机爆发，德鲁克因纽约股市暴跌而失业。此外，他还在经济报社担任新闻记者
1931年	一边工作一边在法兰克福大学当助教，取得国际法博士学位。遇到了未来的妻子多丽丝
1933年	移居伦敦，与多丽丝重逢。从证券分析师跳槽到银行，担任高级合伙人的助理
1937年	和多丽丝结婚，移居美国。担任英国报社的美国特派员
1939年	出版处女作《经济人的末日》
1942年	成为佛蒙特州本宁顿学院的教授。出版《工业人的未来》（The Future of Industrial Man）
1943年	接受美国通用汽车公司的委托，开始为期18个月的管理调查，并于1946年出版《公司的概念》（Concept of the Corporation）一书
1950年	出版《新社会》（The New Society）
1954年	出版《管理的实践》（The Practice of Management）。被誉为"管理学之父"
1957年	出版《明日的里程碑》（Landmarks of Tomorrow）
1959年	第一次来日本，开始收集日本古代美术品
1964年	出版《成功管理》（Managing for Results）
1966年	出版《卓有成效的管理者》（The Effective Executive）
1969年	出版《断层时代》（The Age of Discontinuity）
1971年	任克莱蒙特大学教授

年份	事件
1973年	出版管理学集大成之作《管理：任务、责任、实践》（*Management: Tasks，Responsibilities，Practices*）
1976年	《看不见的革命》（*The Unseen Revolution*）
1977年	出版《对状况的挑战》（*Management Case Book:First Edition 1977*）
1979年	出版自传《旁观者》（*Adventures of a Bystander*）。在克莱蒙特大学教授了为期5年的日本画课程
1980年	出版《动荡年代的管理》（*Managing in Turbulent Times*）
1982年	出版《变动中的管理界》（*The Changing World of the Executive*）和小说处女作《最后可能出现的世界》
1985年	出版了世界上第一本将创新系统化的管理学著作《创新与企业家精神》（*Innovation and Entrepreneurship*）
1986年	出版《管理的前沿》（*Frontiers of Management*）
1989年	出版《新现实：政府与政治、经济与企业、社会与世界》（*The New Realities*）
1990年	《非营利组织的管理：原理与实践》（*Managing the Nonprofit Organization: Principles and Practices*）
1992年	出版《管理未来》（*Managing for the Future*）
1993年	出版《后资本主义社会》（*Post-Capitalist Society*）、《生态远景》（*The Ecological Vision*）
1995年	与中内功的往来书信结集出版为《挑战的时刻》（*The Time Of Challenge*），同时出版了《创生的时刻》（*The Daily Drucker*）和《巨变时代的管理》（*Managing in a Time of Great Change*）
1999年	出版《21世纪的管理挑战》（*Management Challenges for the 21st Century*）
2000年	出版了日本独有的系列企划作品"第一次读德鲁克"系列：《专业的条件》《创新者的条件》《变革领导者的条件》
2002年	出版《下一个社会的管理》（*Managing in the Next Society*）。被美国总统授予平民勋章"自由勋章"
2005年	在《日本经济新闻》开设专栏，连载《我的履历书：生活在20世纪》。11月11日，于克莱蒙特的家中去世（享年96岁）

迈向普通人更加活跃的
社会

读完本书之后，你感觉如何呢？

听到管理和领导力，总觉得需要特别的能力，也许有人认为读完这本书就能掌握这些，德鲁克否认了这一点。究其原因，是因为他认为理想社会是一个让普通人能够比现在更加活跃的社会。

德鲁克在幼年时期练习钢琴，从那时起他养成了日积月累和完成任务的习惯。要达到弹好曲子的目的，只能反复练习同一首曲子。

这不局限于钢琴，取得成果和能力、知识没有必然的联系。和这些比起来，能否充分发挥主观能动性地去做应该做的事才是最重要的。

我想大部分读者都是从事某种职业的人，你们在今后的工作中可能也会出现无法取得预期成果、无法发挥领导力的情况。但是，请一定不要放弃。失败的时候、不如意的时候，如果有"因为自己能力不足才……"或者"因为自己知识欠缺才……"的想法，请务必回想一下这本书所讲的内容。

藤屋伸二

自学笔记

自学笔记

自学笔记

自学笔记

自学笔记

自学笔记

自学笔记

每朝 5 分で学ぶビジネスリーダー「ゼロ」からの心得！ドラッカーの教え見るだけノート 藤屋 伸二

Copyright © 2021 by Shinji Fujiya

Original Japanese edition published by Takarajimasha, Inc.

Simplified Chinese translation rights arranged with Takarajimasha, Inc.,through Shanghai To-Asia Culture Co., Ltd.

Simplified Chinese translation rights © 2020 by China Science and Technology Press Co., Ltd.

北京市版权局著作权合同登记 图字：01-2021-7193。

图书在版编目（CIP）数据

零基础德鲁克管理学笔记 /（日）藤屋伸二著；胡玉清晓译. — 北京：中国科学技术出版社，2022.3

ISBN 978-7-5046-9441-6

Ⅰ . ①零… Ⅱ . ①藤… ②胡… Ⅲ . ①管理学 Ⅳ . ① C93

中国版本图书馆 CIP 数据核字（2022）第 030565 号

策划编辑	杨汝娜	责任编辑	杜凡如
版式设计	锋尚设计	封面设计	马筱琨
责任校对	张晓莉	责任印制	李晓霖

出　　版	中国科学技术出版社
发　　行	中国科学技术出版社有限公司发行部
地　　址	北京市海淀区中关村南大街 16 号
邮　　编	100081
发行电话	010-62173865
传　　真	010-62173081
网　　址	http://www.cspbooks.com.cn

开　　本	880mm×1230mm　　1/32
字　　数	136 千字
印　　张	6.25
版　　次	2022 年 3 月第 1 版
印　　次	2022 年 3 月第 1 次印刷
印　　刷	北京盛通印刷股份有限公司
书　　号	ISBN 978-7-5046-9441-6/C · 190
定　　价	55.00 元